NOUVEAU

LANGAGE DES FLEURS

AVEC

LEUR VALEUR SYMBOLIQUE

ET

LEUR EMPLOI POUR L'EXPRESSION DES PENSÉES

PRÉCÉDÉ D'UNE INTRODUCTION

PAR PIERRE ZACCONE

PARIS

LIBRAIRIE HACHETTE ET Cie

BOULEVARD SAINT-GERMAIN, 79

NOUVEAU

LANGAGE DES FLEURS

PARIS. — TYPOGRAPHIE LAHURE

Rue de Fleurus, 9

Iris. Immortelles, Jolibois
Jasmin.

NOUVEAU

LANGAGE DES FLEURS

AVEC

LEUR VALEUR SYMBOLIQUE

ET

LEUR EMPLOI POUR L'EXPRESSION DES PENSÉES

PRÉCÉDÉ D'UNE INTRODUCTION

PAR PIERRE ZACCONE

PARIS

LIBRAIRIE HACHETTE ET Cie

BOULEVARD SAINT-GERMAIN, 79

—

1871

LE
LANGAGE DES FLEURS

LE SÉLAM

ᴏᴜᴛ le monde aime les fleurs !...

Quand le printemps s'avance, le front couronné de lilas, que les prés ont revêtu leur manteau de verdure constellé de pâquerettes, et que les bourgeons s'entr'ouvrent sous les tièdes haleines d'avril, ne dirait-on pas que la nature s'éveille pour la première fois à la vie, et qu'elle laisse enfin échapper de son sein, longtemps fermé, ses trésors de fécondité et d'amour?...

Tout aime alors et tout jouit !...

Les brises folâtres courent de buissons en buissons, les oiseaux babillent sous la verte ramée, les ruisseaux chantent sur leur lit de sable fin et de cailloux blancs, et les fleurs, ces étoiles du jour, font comme un éblouissant diadème au front de la saison nouvelle !

Tous les poëtes les ont chantées, tous les peuples les aiment et les cultivent.

Dès les temps les plus reculés, les femmes en ornent leurs cheveux, la religion en pare ses autels... Velléda était couronnée de verveine, et le triomphateur des jeux olympiens n'ambitionnait d'autre récompense qu'une couronne de lauriers...

Les fleurs sont comme la poésie de la nature ; nous les trouvons mêlées à tous nos souvenirs... elles n'ont manqué à aucune fête du cœur... Après avoir embaumé le berceau de l'enfant, elles répandent encore leurs suaves senteurs sur la tombe du vieillard !...

Qui de nous ne s'est senti profondément attendri en revoyant certaines petites fleurs aimées de notre passé? qui n'a versé de douces larmes aux émotions que leurs parfums nous rappellent ?

C'est l'histoire de tous, — point n'est besoin de la raconter.

Chaque jour, nous retrouvons un pétale fané, aux feuilles d'un livre oublié. — Ce pétale, c'est un poëme.

Nous avions vingt ans alors... nous entrions à peine dans la vie... tout chantait en nous et autour de nous !... et comme nous étions jeunes ! et comme nous aimions !...

Premières joies de l'âme, chastes ivresses, douces émanations d'un cœur qui s'ouvre à l'amour, — qu'êtes-vous devenues ?

Flétries comme ce pétale...

C'était le printemps, et déjà l'hiver est venu...

Si les fleurs parlent encore au souvenir quand elles sont

mortes, quel langage que le leur quand elles sont vivaces et parées de leurs plus riches couleurs !

C'est en Orient surtout qu'on a commencé à les entourer d'une sorte de culte : mille allégories ingénieuses y furent devinées ou inventées : à une époque où l'art de correspondre n'avait point encore été découvert, le *Sélam* était déjà mis en pratique, et servait de messager discret aux amoureux.

C'était le langage des fleurs à sa naissance.

Depuis, il a subi de nombreuses modifications.

« D'abord, dit un auteur, en raison de la grande quantité de fleurs inconnues à nos pères, et ensuite, à cause de la propriété mieux appréciée de beaucoup d'entre elles. »

Toutefois il ne faut pas croire qu'il soit nécessaire d'être un savant botaniste, ou seulement un horticulteur couronné, pour traduire toutes les charmantes choses qui peuvent se dire dans cet idiome.

Défiez-vous, a dit un sage, de quiconque n'aime ni la musique ni les fleurs... Dieu s'est trompé en le créant...

Il suffit donc, pour comprendre tout de suite leur langage, d'être amoureux, ou d'avoir l'âme tendre et délicate.

Le récit qu'on va lire démontre tout à la fois l'utilité et les dangers du *Sélam*, — c'est à ce double titre que nous l'avons choisi.

Ce conte a, de plus, l'avantage d'être parfaitement historique, et, malgré Musset, nous soutenons que cet avantage en vaut un autre.

Nous aimons à croire que le lecteur sera de notre avis.

I

Il y avait une fois dans cette belle ville d'Ispahan que tant de poëtes ont chantée, un sultan qui ne ressemblait guère à ceux dont les voyageurs nous ont transmis les portraits et l'histoire.

Rokneddin Karschâh avait de singulières habitudes ; c'était un assez bon diable au fond, et même dans la forme ; c'est tout au plus s'il faisait trancher, par an, cinq ou six cents têtes ; il n'avait jamais signé aucun firman attentatoire aux droits ou à la liberté de ses sujets, et nul ne pouvait dire qu'il l'eût jamais vu travailler avec ses ministres ; il se couchait tôt et se levait tard. Le remords et l'injustice n'avaient jamais troublé sa conscience et il se laissait bercer par cette molle quiétude qui s'élève à tout instant d'un cœur satisfait.

Le bon sultan que cela faisait !...

Et comme tous ses sujets l'aimaient ! comme ils auraient donné de leurs jours pour ajouter aux siens !

Rokneddin était un philosophe de la bonne espèce ; il jouissait de la vie avec toute la simplicité d'un bon bourgeois retiré des affaires ; il aimait les arts, protégeait ceux qui les cultivaient, et recevait à sa cour, avec une attention toute particulière, les poëtes, les historiens, les hommes de lettres, tous ces hommes, enfin, qu'une même aspiration attire vers l'art, cette patrie idéale des âmes élevées.

Notez que le sultan Rokneddin n'était pas vieux, et que la vigueur éclatait encore dans toute sa personne en signes non équivoques.

Petit, vif, maigre, il portait une longue barbe blanche qui lui descendait jusque sur la poitrine, montait à cheval comme un centaure, et chassait le tigre avec une intrépidité vraiment héroïque.

Il y avait déjà une dizaine d'années environ que le sultan régnait sur son peuple, et ces dix années s'étaient écoulées sans qu'aucune plainte se fût jamais élevée sur son gouvernement.

A cette époque, c'est-à-dire vers l'année 18.., il arriva dans la ville d'Ispahan un jeune Français du nom de Georges de Raincy. Celui-là était un artiste dans toute l'acception du mot. Il avait quitté la France depuis près de cinq années, poussé par cet esprit aventureux qui fait les héros, les bandits ou les vagabonds; il était parti de Paris à la recherche de l'inconnu. Il avait visité successivement toutes les parties du monde et était venu échouer à Ispahan, tout ébloui encore des souvenirs qu'avait laissés dans son cœur jeune et enthousiaste la lecture de ce poëme merveilleux qu'on appelle les *Mille et une Nuits*. L'amour des voyages, l'ardent désir de l'imprévu, l'avaient conduit dans ces parages lointains; mais Georges, malgré l'audace de ses rêves, s'était arrêté devant les enchantements que la réalité lui avait offerts sur sa route.

Georges était peintre : amant de la nature, il avait trouvé sous le beau ciel de l'Asie toutes les satisfactions que pouvaient demander son esprit et son cœur. — La résidence de Rokneddin était notamment un vrai chef-d'œuvre de l'art.

Des jardins immenses, des parcs grands comme des forêts, des lacs, des kiosques, des jets d'eau, des fontaines, des palais de marbre et d'or, des bassins aux proportions gigantesques et comme Martinn aurait seul pu les peindre... Georges n'avait pas l'idée d'une pareille civilisation ; il se sentit troublé dans son admiration, et, comme s'il eût été touché par la baguette d'une fée invisible, une source d'enthousiasme nouveau jaillit de son cœur ému.

Tous les jours on était certain de le rencontrer là... Il allait et venait, fumait et dessinait alternativement, et ne s'en retournait à son logis que longtemps après que le soleil avait donné le signal de la retraite.

Quinze jours se passèrent de la sorte.

Notre artiste était assez familier de sa nature; il avait d'abord commencé par dessiner quelques arbres, plusieurs kiosques, certaines perspectives baignées d'ombre et de soleil; puis, comme sa présence quotidienne attirait les regards des passants et des gardes du palais, il avait fini par se prêter assez complaisamment aux demandes qui lui étaient faites, et s'était amusé à reproduire les traits des personnes qui l'entouraient. Toutefois, au lieu de se borner à reproduire fidèlement la physionomie de ses modèles, le malin artiste prenait parfois plaisir à l'exagérer, pour en faire ce qu'en terme d'atelier on appelle une *charge*.

Or, parmi les curieux qui stationnaient habituellement à ses côtés et suivaient ses travaux avec un vif intérêt, se trouvait une sorte de gros homme, court, trapu, replet, qui remplissait au palais du sultan les très-honorables fonctions d'eunuque. Cet homme, qui se nommait Ahmed, avait, comme les autres, demandé son portrait à Georges; mais, moins spirituel ou plus vaniteux, il entra dans une grande colère et jura de se venger quand il vit la manière perfide dont l'artiste l'avait défiguré.

Il est vrai de dire que celui-ci ne l'avait pas épargné...

Dès le lendemain donc, Ahmed exposait son affaire au sultan, et lui mettait sous les yeux les pièces du procès.

Heureusement, Rokneddin aimait à rire au moins autant

qu'il aimait à boire, et il n'eut pas plutôt jeté un regard sur la *charge* exécutée par l'artiste, qu'il se confondit en un immense éclat de rire, lequel dura, dit-on, trois jours, et ne s'interrompit qu'aux heures des repas.

Rokneddin alla plus loin : il voulut voir le peintre qui venait de reproduire les traits de son eunuque avec tant de malice, et, comme Georges avait beaucoup voyagé, que sa conversation ne manquait ni de charmes ni d'esprit, il plut singulièrement au sultan, qui conçut pour lui la plus vive sympathie.

Le jeune peintre fut donc immédiatement installé dans un des kiosques du palais, et, dès ce moment, il put se considérer comme un des hôtes de cette résidence mer-veilleuse.

De dix heures à midi, on lui apportait, dans des bassins de métal précieux, quelques raisins secs, du laitage et des confitures ; vers la fin du jour on lui servait un potage fait aux fruits et aux herbes, quelque volaille rôtie, des œufs, des légumes et du *pilau*, mélange de viande cuite et de riz dont les Persans sont très-friands.

La nuit, sa table était abondamment fournie de café, de sorbets, d'eau de rose, de toutes les liqueurs qui, sous le ciel d'Orient, rendent la vie plus agréable et portent l'esprit à la rêverie.

Georges ne s'était jamais trouvé à pareille fête !

Le soir, quand les premières ombres descendaient dans le parc et commençaient à ramper sous les allées, il aimait à fumer sa longue pipe, la fenêtre ouverte, nonchalam-ment allongé sur de soyeux tapis indigènes, et à laisser son âme s'envoler vers les mondes infinis de l'imagina-tion.

Il y a dans les mille bruits qui s'élèvent de la terre, à

cette heure de paix et de recueillement, une harmonie qui berce doucement le cœur et l'endort.

Rokneddin venait souvent le visiter dans son retrait charmant, qui se voilait aux regards derrière un épais rideau de platanes, de saules, de sapins et de cornouillers.

Ils causaient de toutes choses : Georges ne cherchait pas à retenir sa pensée; il disait les pays qu'il avait visités; les peuples qu'il avait connus; la patrie qu'il avait quittée.

Souvent même, en parlant de la France, l'émotion le gagnait; le regret amer du passé jetait un voile sur son cœur, et quelques larmes mouillaient ses yeux.

Mais ces émotions duraient peu, et Georges revenait bien vite à cette belle et spirituelle gaieté qui était le fond de son caractère.

Depuis qu'il était installé au palais du sultan, notre artiste n'était pas resté inactif.

Rokneddin avait une femme qu'il aimait, et dont il avait fait sa sultane favorite; bien que la polygamie fût autorisée par les mœurs persanes, et qu'il eût pu, comme ses prédécesseurs, donner ce dangereux exemple à son peuple, il ne s'était jamais départi de sa sage réserve, et vivait, en bon époux, dans le cercle sacré que traçaient autour de lui sa femme unique et ses enfants.

Son harem n'était donc, à ses yeux, qu'un pur objet de luxe.

Toutefois, et peut-être même en raison de ces dispositions, Rokneddin s'était senti pris d'un singulier désir, en trouvant un beau jour, sous sa main, le peintre Georges de Raincy.

Le harem se composait des plus belles femmes de la Perse; chaque jour il en entrait de nouvelles, toutes charmantes et chastes, surprises, pour la plupart, aux baisers tremblants de leurs mères, éloignées, par la violence, de leurs familles, et qui allaient cacher, derrière les murs de cette étrange habitation, leur jeunesse et leur beauté.

Rokneddin proposa donc au jeune peintre de reproduire sur la toile cette galerie d'un nouveau genre, qui, en même temps qu'elle montrerait la beauté de ses femmes, ferait éclater le mérite de sa continence.

Cette proposition allait permettre à Georges de pénétrer un des mystères les plus voilés de l'Orient : il n'eut garde de refuser.

Mais, attendu qu'un pareil travail ne pouvait s'effectuer en un jour, il crut devoir s'adjoindre, à titre d'aide, un jeune Persan, d'une physionomie intelligente et vive, qu'il avait trouvé un soir, rôdant autour du palais.

Ce Persan se nommait *Alkendi*, et il n'était à Ispahan que depuis quelques jours.

Alkendi ne savait ni peindre ni dessiner ; mais il parut, dès les premiers jours, si dévoué à Georges, si attentif à lui plaire, si désireux de s'attacher à sa personne, que le peintre en tira bientôt un excellent parti. Il l'employait à broyer ses couleurs, à nettoyer ses pinceaux, à allumer sa pipe, à faire enfin toutes les commissions nécessaires.

Alkendi ne témoignait jamais le moindre mécontentement ; il allait et venait sans murmurer, et acceptait avec la même soumission la bonne comme la mauvaise humeur de son maître.

Georges ne pouvait que se féliciter d'avoir mis la main sur un tel serviteur.

Ajoutez à cela qu'Alkendi était bien fait de sa personne ; il avait vingt ans à peine ; son œil était vif et doux à la fois ; ses cheveux, d'un noir d'ébène, faisaient ressortir la belle pâleur de ses joues ; et toute sa physionomie respirait un air particulier d'élégance et de distinction.

Il y avait déjà deux semaines que Georges travaillait dans le harem ; les premiers jours, Rokneddin l'avait accompagné, mais il est vraisemblable que la sultane favorite s'en montra jalouse, car, à partir de la seconde semaine, le peintre fut laissé absolument libre, et il put y entrer et en sortir sans être soumis à aucune surveillance.

Une grande salle avait été mise à sa disposition, et chaque femme y venait poser à son tour.

Pour rester fidèle à l'histoire, nous devons dire que, dans le commencement, Georges s'était senti un peu ému. Le spectacle de toutes ces femmes à demi vêtues l'avait bien un peu troublé ; mais il réprima facilement ces premiers mouvements, et bientôt, tout entier à son art, il ne songea plus qu'à activer l'exécution du travail qui lui était commandé et à faire une œuvre digne de son talent.

D'ordinaire, il entrait le matin dans le harem et n'en sortait que le soir, rapportant soigneusement au kiosque le travail de la journée. Il trouvait là son fidèle Alkendi, avec lequel il passait le reste de la nuit, quand le sultan ne venait pas se mettre en tiers.

Georges aimait Alkendi ; le jeune Persan n'était pas seulement pour lui un serviteur, c'était presque un ami. Tous deux, assis près de la fenêtre, fumaient des heures entières, buvant du vin de Chiraz ou des sorbets glacés, et s'oubliant dans des causeries intimes, où Alkendi n'était jamais en reste d'esprit et de gaieté.

Un soir, Georges était revenu plus tôt que d'habitude, rapportant le portrait de l'une des femmes du harem, qu'il n'avait pas eu le temps d'achever. En jetant les yeux sur la toile, Alkendi avait paru éprouver une certaine satisfaction, et, comme son maître lui en demandait la cause, le jeune Persan avait souri et levé ses regards vers le ciel.

« Que votre bonté me pardonne, répondit-il avec naïveté, mais cette ébauche me semble être la plus belle que vous ayez faite. »

Georges sourit à son tour.

« C'est qu'en effet, répliqua-t-il, la femme dont j'ai voulu reproduire les traits est la plus belle que j'aie encore vue...

— Vraiment !

— Elle est jeune, grande, élancée : sa taille a la flexibilité du saule ; ses grands yeux sont noirs et vifs, sa démarche nonchalante et paresseuse ; ah ! mon ami, que le sultan est heureux !

— Prenez garde, maître, prenez bien garde ; car s'il soupçonnait...

— Bah !... interrompit le peintre avec gaieté, Rokneddin ne se soucie guère de son sérail ; d'ailleurs, il ignore la présence de la jeune femme dans le harem ; elle y habite depuis un mois au plus... et je ne vois pas... »

Alkendi regarda son maître avec tristesse, et lui prit la main.

« Maître, dit-il d'un ton sérieux et grave, pardonnez-moi, si mes paroles vous offensent ; mais il me semble que, dans ce moment, vos actions ne sont pas marquées au coin de l véritable sagesse.

— Explique-toi... fit Georges étonné.

— Vous dites, d'une part, que cette jeune femme es d'une grande beauté...

— Certes...

— Et, de l'autre, que le sultan ignore sa présence.

— Sans doute...

— Et cependant, maître, poursuivit Alkendi, vous allez apprendre à Rokneddin qu'il possède un si désirable trésor... Par l'effet que la jeune femme a produit sur vous, jugez de celui qu'elle pourrait produire sur le sultan. »

Georges partit d'un éclat de rire.

« Par ma foi, tu as raison, dit-il avec gaieté.

— Vous comprenez?

— Si je comprends... rien n'est plus simple... c'est-à-dire que le sultan ne verra jamais ce portrait... que ce portrait ne sera jamais achevé, qu'il n'entrera jamais dans la galerie du vieux... Alkendi, tu viens de me rendre un signalé service, et, comme cela se pratique dans les contes de fées, je te promets de t'accorder la première faveur que tu me demanderas. »

En écoutant parler ainsi son maître, Alkendi sourit doucement.

« Vous aimez donc cette jeune femme? demanda-t-il avec une certaine timidité, et en baissant les yeux.

— Je le crois, du moins... répondit Georges.

— Vous lui avez parlé?...

— J'ai fait mieux...

— Quoi donc?

— J'ai obtenu d'elle qu'elle me donnât un charmant bouquet qu'elle portait à la main. »

Alkendi pâlit.

« Est-ce possible!... répéta-t-il avec un battement de cœur.

— Regarde plutôt. »

Et Georges tendit à son *rapin* un bouquet qu'il venait de tirer de sa poitrine.

Alkendi s'en empara et l'examina rapidement.

Le bouquet était composé des fleurs les plus étranges, et

dont les couleurs ne paraissaient pas, au premier coup d'œil, se marier très-heureusement. C'était un mélange un peu confus, fait à la hâte, d'œillets, de lychnis des champs, de feuilles de sorbier, de verge d'or et de tamier.

Quand Alkendi rendit le bouquet à son maître, son visage était soucieux.

« Vous êtes plus heureux que vous ne le croyez, dit-il enfin à Georges après quelques instants de silence.

— Et pourquoi cela? demanda le peintre.

— Parce que ces fleurs ont été réunies avec une intention non équivoque.

— Quelle intention?

— Connaissez-vous le *Sélam*, maître?

— Pas le moins du monde.

— Vous ignorez alors ce que veulent dire ces fleurs que l'on vous a données?

— Je n'en sais pas le premier mot.

— Eh bien, désirez-vous que je vous en explique le sens caché?

— Cela me ferait plaisir.

— Écoutez donc, et suivez avec attention. »

Alkendi reprit alors le bouquet des mains du peintre, et, désignant une à une les fleurs dont il se composait :

— Cet œillet, dit-il en mesurant ses paroles, signifie *amour pur*, ce lychnis des champs veut dire *penchant invincible*, le sorbier, *prudence*, la verge d'or, *protégez-moi*, et le tamier, *j'implore votre appui*. En d'autres termes, le bouquet que l'on vous a remis est comme un billet sur lequel on aurait écrit ces mots : *J'éprouve pour vous un penchant invincible, mon amour est pur, soyez prudent, mais protégez-moi... J'implore votre appui.* »

Dire l'étonnement de Georges serait impossible; il re-

gardait alternativement le bouquet et Alkendi, et se deman
dait s'il devait croire ou douter.

« En vérité, dit-il avec vivacité, voilà qui est merveilleux !
Ainsi, au moyen du *Sélam*, on peut correspondre aussi
facilement qu'avec des enveloppes de la papeterie Ma-
rion ?

— Vous voyez.

— C'est charmant, la poste est supprimée, et l'on ne
craint pas au moins de compromettre sa signature... »

Georges réfléchit un moment, puis il reprit presque aussitôt, comme frappé d'une idée soudaine :

« Mais j'y pense, s'écria-t-il, ce billet, est-ce bien à moi
qu'il est adressé ?

— Sans doute.

— En France, il est d'usage de répondre à toute lettre
que l'on reçoit.

— En Perse également !...

— Si j'envoyais à mon tour un bouquet à ma belle
amoureuse ?

— Vous le devez.

— C'est qu'il y a une difficulté.

— Laquelle ?

— J'ignore le langage des fleurs, moi.

— Mais moi, je le connais, objecta Alkendi.

— Au fait, tu as raison, et je ferai mieux de m'en remettre à toi du soin d'écrire ce billet.

— Donc, c'est convenu.

— C'est convenu : demain tu m'apporteras un bouquet,
par lequel tu feras savoir à Kamil que je l'aime, qu'elle a
touché mon cœur, que je n'ai pas de plus chère ambition
que d'en faire ma femme, et qu'elle peut compter sur mon
dévouement. »

Alkendi ne répondit rien ; mais le lendemain, dès l'aube, il apportait à son maître un bouquet composé de jonquilles, de roses jaunes, de véronique et d'ipoméa pourprée. Ce qui voulait dire : *Je languis d'amour ; je vous veux pour femme, je vous offre mon cœur ; comptez sur mon dévouement.*

Georges se dirigea un moment après vers le harem. Il portait son bouquet caché sous son habit... Il avait le ciel dans le cœur.

II

A quelques jours de là, le jeune peintre était dans le kiosque qu'il devait à la munificence du sultan, et, accoudé pensif à la fenêtre, il laissait son regard plonger sous les allées ombreuses du parc ; il rêvait !...

Georges était ému...

L'intrigue qu'il avait nouée avec Kamil marchait rapidement ; Kamil se défendait à peine ; et, grâce au concours d'Alkendi, le jeune peintre composait chaque jour de nouveaux bouquets par lesquels il exprimait tout l'amour dont il se sentait épris.

Il faisait une consommation considérable de fleurs.

A vrai dire cependant, Georges eût été fort embarrassé d'expliquer ce qui se passait en lui, et quel sentiment le portait à se rapprocher de Kamil.

Était-ce de l'amour ? était-ce seulement l'intérêt bienveillant que lui inspiraient sa jeunesse et sa beauté ? — Il n'eût pu le dire.

Kamil avait dix-sept ans à peine ; elle était grande, élancée, et ses grands yeux noirs avaient un reflet velouté qui faisait rêver et désirer à la fois.

De plus, Georges possédait au suprême degré l'art du physionomiste, et le plus simple examen lui avait suffi pour se persuader que la jeune fille conservait encore sa pureté native.

Tout se réunissait donc pour exalter son amour... Jamais il n'avait vu de jeune fille aussi belle, et tout autre à sa place eût été heureux de la conduire à l'autel et de la nommer sa femme !

Et cependant Georges ne sentait point à son approche ces tressaillements ineffables qui sont, dans tout pays, les symptômes sacrés de l'amour. Il restait presque froid auprès d'elle, ou n'éprouvait que ce besoin de protéger et de défendre qui est au fond du cœur de tout homme généreux.

Mais l'amour-propre avait fait ce que l'amour vrai eût peut-être hésité à faire ; le jeune peintre s'était engagé étourdiment dans une entreprise où des dangers sérieux l'attendaient, et maintenant il se serait fait tuer plutôt que de reculer d'un pas.

Le Sélam avait suivi sa marche régulière et naturelle ; le matin même, Kamil avait fait remettre à notre artiste un bouquet dont les fleurs annonçaient une résolution décisive et courageuse, celle de fuir le harem et de se confier à son honneur et à sa loyauté.

Quand on adresse un pareil appel à un homme jeune, il n'y a pas d'hésitation possible. Georges avait donc tout disposé pour une fuite prompte et secrète, et, comme le soir était venu, il attendait avec une anxiété facile à comprendre l'heure fixée pour le départ.

Alkendi devait l'aider dans cette entreprise, qui avait bien son danger. — Il n'était point encore de retour.

Georges rêvait donc, et son regard sondait vaguement les vertes et sombres profondeurs du parc.

Il se sentait sourdement inquiet.

Non qu'il eût peur ! — Dans ses voyages à travers le monde connu, Georges avait affronté plus d'un péril sans trembler ; bien souvent il avait considéré la mort sans pâlir.

Mais le jeune artiste pensait avec une certaine appréhension aux dangers qui menaçaient sa compagne si leur fuite venait à être découverte, et, dans ce cas, il comprenait qu'il serait impuissant à la protéger.

Des lois sévères, un châtiment redoutable. Il y allait de la mort pour tous les deux.

Mourir à dix-sept ans, quand on est jeune, belle, souriante ; mourir, quand on est sur le point de confier sa main à la main d'un époux !

Georges tressaillit.

En ce moment, il vit courir quelques lumières effarées à travers les allées du parc : des gardes couraient çà et là d'un air empressé ; il régnait, de toutes parts, un mouvement inusité.

Est-ce qu'en effet quelque chose d'extraordinaire se passait dans le palais du sultan ? — N'était-ce pas plutôt une hallucination produite par les craintes et les appréhensions de Georges ?

Ne prenait-il pas les fantômes de ses terreurs pour la réalité ?

Dans le premier moment, il ne sut que penser, et chercha à se tromper lui-même, tant il avait besoin de douter de ce qu'il voyait et de ce qu'il entendait... Il se dit que les mesures avaient été bien prises, le secret bien gardé ; qu'il était impossible que le sultan eût eu connaissance de ses projets... Mais le mouvement qu'il avait remarqué prenait peu à peu de l'importance, et bientôt, il ne lui fut plus possible de se faire la moindre illusion.

Une sueur froide coula le long de ses tempes, qui battirent, et il s'assit accablé sur un sofa.

Le sultan venait de pénétrer dans le kiosque, accompagné d'une garde nombreuse.

Il avait été trahi, — cela n'était plus douteux, — mais quel avait été le traître?...

Alkendi, peut-être. — Son cœur se serra.

Il était attaché au jeune Persan ; il avait découvert mille qualités en lui... Il lui répugnait d'avoir à l'accuser de ruse et de déloyauté...

Quand Rokneddin entra dans la chambre occupée par Georges, son visage était sombre, une colère sourde grondait dans sa poitrine.

Il alla droit au peintre.

Ce dernier s'était levé et essayait de faire bonne contenance ; mais une terreur indicible s'était emparée de lui, et tout son être frémissait quand il venait à songer à l'infortunée Kamil.

« Mon ami, dit alors le sultan après quelques secondes d'un silence anxieux, je suis heureux de vous rencontrer, car il m'arrive en ce moment une affaire de la dernière gravité.

— Qu'y a-t-il donc? » répondit Georges en feignant un étonnement profond.

Rokneddin s'assit, et Georges en fit autant.

« La vie d'un sultan est semée de ronces et d'épines, reprit le premier avec un accent pénétré, je croyais avoir donné, jusqu'ici, l'exemple de la sagesse à mon peuple, mais j'ai été cruellement trompé, et aujourd'hui même, dans mon palais...

— Que s'est-il passé ?... » insista Georges, qui multipliait ses questions, pour détourner l'attention de son interlocuteur.

Mais Rokneddin ne paraissait pas prendre grand intérêt à lui.

« Ce qui s'est passé... poursuivit-il, j'ai honte de le rapporter. — Écoutez, mon ami, et jugez vous-même... — Il y avait dans mon harem une jeune fille du nom de Kamil...

— Kamil !... murmura le peintre.

— Vous la connaissez ?

— Ah ! poursuivez.

— Cette jeune fille était, dit-on, d'une grande beauté ; et, fidèle à la réserve que je me suis imposée, j'avais, jusqu'à ce jour, respecté son innocence et sa pureté... Elle est jeune, dix-sept ans à peine... Elle aurait dû, plus que toute autre peut-être, se laisser toucher par les égards qui lui étaient témoignés, et cependant...

— Cependant ?

— Elle m'a trompé.

— Est-ce possible ? »

Rokneddin soupira.

« Il paraît, répondit-il, que, malgré son innocence, la jeune Kamil avait été élevée dans l'art de composer des bouquets.

— Des bouquets... balbutia Georges.

— Oui... mon ami... Ah ! vous ignorez, vous, le parti que les jeunes filles savent tirer des fleurs dans ce pays... Vous ne connaissez pas les mœurs et les usages de

l'Orient... et les connaîtriez-vous, d'ailleurs, que votre probité et votre honneur hésiteraient à employer de pareils
moyens. »

Georges se mordit les lèvres et baissa les yeux.

« Sans doute... sans doute... dit-il avec embarras, mais
Kamil... cette jeune fille...

— Eh bien...

— Que lui est-il arrivé?

— Kamil avait tout préparé pour fuir Ispahan, cette nuit
même.

— Seule?

— Non.

— Et son complice?

— Vous le connaissez.

— Moi!

— Il se nomme Alkendi!

— Alkendi!... »

Georges jeta un cri de surprise et d'effroi, et fit un saut
en arrière.

« Alkendi!... » répéta-t-il avec stupéfaction.

Puis, comme si une pensée nouvelle avait tout à coup
traversé son cerveau :

« Ah! Monseigneur, ajouta-t-il vivement, on vous
trompe, j'en suis sûr. — Je connais Alkendi, moi, il est
incapable d'une pareille action, je m'en porte garant : vos
soupçons se sont égarés en se portant sur lui... Nul n'est
mieux convaincu que moi de son innocence... et j'engage
ma foi... »

Rokneddin sourit et haussa les épaules.

« Alkendi aura la tête tranchée cette nuit, répondit-il
gravement.

— Mais quel crime a-t-il donc commis?

— Il vient d'être surpris à la porte du Nord, tentant de fuir avec Kamil.

— Lui !

— Lui-même.

— Avec Kamil ?

— Vous en doutez !... »

Georges était en proie à mille agitations, et ne savait à quel parti s'arrêter. Il ne pouvait se résoudre à laisser punir un innocent à sa place, il savait bien qu'il n'y avait pas d'autre coupable que lui-même, et vingt fois l'aveu de sa faute avait été près de lui échapper.

Enfin, il n'y tint plus, et se jeta résolûment aux pieds de Rokneddin.

« Que faites-vous ? s'écria ce dernier.

— J'implore votre pardon, répondit Georges.

— Que voulez-vous dire ?

— Je veux dire, ô lumière de l'Orient, qu'il n'y a, ici, qu'un seul coupable... et que ce coupable, c'est moi...

— Vous devenez fou, mon ami.

— Non, je ne veux point accepter le généreux sacrifice d'Alkendi, et je subirai moi-même le sort que j'ai mérité. »

Georges se releva sur ces mots, et raconta à Rokneddin ce qui s'était passé... et ses premières entrevues avec Kamil, et les bouquets échangés, tout, jusqu'à ce projet de fuite qu'il n'avait pu mettre à exécution.

Rokneddin écoutait avec une profonde attention ; plusieurs fois le jeune peintre le vit sourire ironiquement et hausser les épaules ; quand il eut achevé son récit, le sultan lui prit les mains avec bonté, et le fit asseoir à ses côtés.

« Mon fils, lui dit-il alors, cet Alkendi est le plus perfide des serviteurs : je le connais maintenant tout entier ; Kamil et lui s'entendaient pour vous tromper. »

Georges essaya un sourire d'incrédulité : son amour-propre se révoltait à la pensée d'avoir été la dupe de son rapin.

« Croyez-moi, poursuivit le sultan, Alkendi aimait cette
jeune fille avant qu'elle eût été enlevée à ses parents, il
voulait en faire sa femme... Il l'a suivie à Ispahan... Il a
rôdé pendant plusieurs jours autour du sérail, et n'est entré
à votre service que dans le but de l'approcher plus facilement ou de correspondre avec elle... Vous voyez s'il a
réussi... C'est lui qui composait les bouquets que vous
portiez à Kamil, et l'amour que la jeune fille vous témoignait, c'est à Alkendi qu'il s'adressait... comprenez-vous ?

— Parfaitement... répondit Georges, qui eût voulu tenir
Alkendi entre ses mains.

— Vous avez été leur jouet.

— Je le crains...

— Mais, Dieu soit loué ! leur ruse est découverte, les
deux coupables sont en notre pouvoir, et je puis me venger.

— Comment ?

— Oh ! d'une manière fort simple.

— Laquelle ?

— En vous donnant la jeune fille qu'Alkendi voulait
enlever.

— Kamil !

— Cela vous déplairait-il ?

— Nullement.

— Eh bien... des ordres vont être donnés à l'instant, et,
avant quelques minutes, Kamil sera à vous. »

Rokneddin serra encore une fois les mains du peintre, et
s'éloigna escorté de ses gardes, après avoir promis de nouveau à Georges de lui envoyer Kamil et Alkendi, afin qu'il
prononçât lui-même sur leur sort.

Georges le vit partir avec une pénible agitation.

Ce n'est pas qu'il tînt précisément à Kamil ; il ne l'aimait pas ; il l'avait désirée tout au plus ; mais la conduite de cette jeune fille l'avait blessé au vif, il éprouvait une humiliation profonde d'avoir été pris pour dupe ; lui aussi, voulait se venger.

Ainsi que l'avait annoncé le sultan, un quart d'heure après son départ, Kamil était introduite dans le kiosque.

La nuit était venue depuis longtemps ; Georges était seul... la jeune fille s'avança en tremblant auprès de lui.

Quelque ignorante qu'elle fût, Kamil savait cependant qu'elle allait se trouver à la merci de celui qu'elle avait offensé... elle savait aussi combien les hommes de son pays apportent, d'ordinaire, peu de délicatesse et de discrétion dans les relations d'amour ; elle connaissait, en outre, la rigueur des lois, et pouvait croire qu'Alkendi était déjà condamné ; elle s'avança donc vers Georges, émue de toutes ces pensées, pâle, tremblante, confuse, baissant le front et les yeux, sans chercher même à attendrir celui qui pouvait désormais disposer de sa vie et de son honneur, et attendant la mort, comme la seule issue par laquelle elle pouvait sortir de cette fatale impasse.

En la voyant dans cette attitude accablée et morne, Georges se troubla.—Il était disposé à être cruel, et, malgré lui, l'émotion de la jeune fille le gagnait ; il lui prit les mains avec bonté, et la conduisit à un sofa, sur lequel il la fit asseoir.

— Kamil, lui dit-il alors, d'une voix qui tremblait, vous avez été bien imprudente, et peut-être bien cruelle aussi...

— Moi ! fit la jeune fille.

— Sans doute... mon enfant, poursuivit le peintre, l'amour est un sentiment sacré avec lequel il ne faut jamais jouer... ne savez-vous pas cela?... vous ne m'aimiez pas, et

vos regards, votre attitude, tout, jusqu'à ces bouquets charmants que je recevais de vous, me laissait croire à votre
amour... Ah! c'est mal, cela, Kamil... »

Et comme la jeune fille ne répondit pas, Georges continua :

« Et si je vous avais aimée cependant, ajouta-t-il, si cet
amour que vous paraissiez éprouver, je l'avais partagé, si
je m'étais abandonné, confiant, à l'espoir d'un bonheur impossible, ne serais-je pas aujourd'hui le plus malheureux
des hommes?... vous auriez éveillé en moi un désir que vous
ne pouviez pas satisfaire; vous auriez jeté un regret amer
dans ma vie, vous auriez changé en désespoir toutes les
aspirations saintes de mon cœur... Kamil, Kamil, vous avez
été bien cruelle...

Georges avait prononcé ces paroles d'un ton de doux reproche; la jeune fille sentit son âme tout entière s'ouvrir au
repentir et au remords, et elle se laissa tomber à ses genoux.

« Pardonnez-moi! s'écria-t-elle, en sanglotant; pardonnez-moi... j'ai eu tort... je vous ai trompé... Alkendi
seul avait mon amour... je n'ai songé qu'au bonheur de le
revoir... Si vous saviez... nous nous aimions depuis longtemps... pauvre fille, il m'avait choisie pour être sa compagne... Pardonnez-moi... le ciel m'a déjà punie cruellement... car me voilà en votre pouvoir, et celui que j'aime
a peut-être cessé de vivre... O mon Dieu... je suis bien
malheureuse! »

En parlant ainsi, la pauvre enfant pressait les mains du
jeune peintre dans les siennes, et ne cherchait plus à cacher
ni son émotion ni ses larmes...

Georges la releva avec attendrissement.

« Relevez-vous, Kamil, lui dit-il, et ne vous abandonnez
pas ainsi au désespoir... d'ailleurs, vous vous effrayez à
tort, car tout peut encore être réparé.

— Que dites-vous? fit Kamil souriant à travers ses larmes.

— Le sultan a remis entre mes mains votre destinée et celle d'Alkendi...

— Ciel!...

— Vous tremblez?...

— Oh! ce n'est pas pour moi...

— Et vous avez raison, Kamil, Alkendi mérite une leçon.

— Il m'aime tant! balbutia la jeune fille.

— Est-ce une excuse?...

— C'est pour moi qu'il a tout osé.

— Mais vous l'aimez aussi?

— Oh! plus que ma vie.

— Eh bien... dit Georges en faisant un effort pour combattre les mille sentiments contraires qui se disputaient ses résolutions, ayez confiance en moi, mon enfant; Dieu me garde de vous arracher jamais par la violence ce que j'aurais voulu devoir à l'amour... Soyez sans crainte... dans un instant je serai près de Rokneddin, et j'espère vous rapporter moi-même une heureuse décision. »

Kamil remercia le jeune peintre avec effusion, et ce dernier se hâta d'aller trouver le sultan.

Georges n'avait plus dans la pensée la moindre hésitation; il ne songeait plus aux blessures de son amour-propre; il voulait sauver Kamil et la rendre pure à son amant. Ce rôle de générosité convenait à son caractère aventureux et chevaleresque, et ce fut avec chaleur qu'il plaida la cause des deux amoureux auprès de Rokneddin.

Ce dernier se fit bien un peu prier : il ne comprenait pas que Georges renonçât à la possession d'une femme aussi charmante que Kamil; il l'eût comparé volontiers à Scipion l'Africain; — le renoncement du jeune peintre était presque de l'héroïsme à ses yeux, surtout après la conduite d'Al-

kendi ; — l'oubli des injures n'est pas généralement pra-
tiqué en Perse, et Rokneddin se sentait lui-même fort irrité
contre ce dernier.

Toutefois un sultan qui se pique de sagesse ne se laisse
pas facilement dépasser en générosité. Rokneddin voulut
faire voir qu'il avait au moins l'âme aussi bien placée que son
peintre ordinaire, et il pardonna aux deux coupables.

Kamil et Alkendi partirent heureux, enivrés d'amour et
de reconnaissance, et Georges se remit avec une nouvelle
ardeur à l'exécution de sa galerie.

Il n'y mit pas moins de quatre années !...

C'est beaucoup de temps sans doute... mais Georges ne
fit-il que cela ?

L'histoire ne le dit pas d'une manière précise... Seulement, Kamil n'était pas la seule femme jolie que renfermait
le sérail... et, grâce à Alkendi, le jeune peintre connaissait
l'art de composer des bouquets...

Nous n'en savons pas plus long, — honni soit qui en
penserait davantage !

Les **aventures** de Georges de Raincy et celles d'Alkendi
ne doivent pas cependant nous faire perdre de vue le but de
cette introduction.

Quelques lignes encore, et nous finissons.

La raison de notre livre est tout entière dans les variations
infinies qu'ont subies, depuis peu de temps, les nomencla-
tures des fleurs connues ; cette lexicographie avait besoin
d'être refondue entièrement, et nous avons apporté à ce
travail toute l'attention patiente qu'il exigeait.

Les fleurs sont partout aujourd'hui : le goût s'en est considérablement répandu, et de la mansarde de *Jenny l'ouvrière* au salon de la *Dame aux Camellias*, elles règnent maintenant en souveraines.

Leur langage avait donc besoin d'être fixé d'une manière précise. — Nous avons tenté de le faire. — Grâce à notre livre, aucune hésitation ne sera plus possible, et les lecteurs les moins versés dans la connaissance des fleurs y trouveront tous les documents qu'ils voudront y chercher.

Nous aurons rendu ainsi un véritable service aux âmes délicates et tendres, et la lacune regrettable que nous signalions se trouvera naturellement comblée.

P. Z.

ABSINTHE. — AMERTUME; TOURMENTS D'AMOUR.

PLANTE à fleurs composées, très-amère et aromatique. Elle croît dans le Midi, et exige des soins particuliers sous nos climats. Sa taille est peu élevée, elle atteint à peu près celle d'un pied. Elle est devenue le symbole des peines de cœur en raison de son amertume bien connue.

ACACIA. — AFFECTION PURE; AMOUR PLATONIQUE.

NOM de deux espèces de mimosa, qui croissent l'un en Égypte, l'autre au Sénégal, et qui fournissent la gomme arabique et la gomme du Sénégal.

On appelle encore de ce nom un arbre d'agrément, espèce de robinier à rameaux épineux et à fleurs blanches et odorantes disposées par bouquets.

ACANTHE. — CULTE DES BEAUX-ARTS.

PLANTE à fleurs labiées; l'espèce connue, vulgairement nommée *Branche-ursine*, est remarquable par ses belles feuilles découpées, dont l'extrémité se recourbe naturellement. — La feuille d'acanthe a servi de modèle pour l'ornement du chapiteau corinthien : par analogie, elle symbolise le culte des beaux-arts.

AMARANTE. — FIDÉLITÉ; CONSTANCE.

FLEUR d'automne, qui est ordinairement d'un rouge velouté. —On la nomme encore *Passe-velours*. « *Elle est le symbole de l'immortalité.* » Aux jeux floraux, une amarante d'or est adjugée, tous les ans, à l'auteur de la meilleure ode.

AMARYLLIS. — JE BRILLE.

PLANTE de la famille des *narcisses* qui sert à l'ornement des jardins.— Cette plante est aussi nommée CROIX DE CALATRAVA, ou lis Saint-Jacques.

ANANAS. — PERFECTION.

PLANTE originaire des Indes qu'on élève en Europe dans des serres chaudes, et dont le fruit est très-estimé pour sa saveur.

ANCOLIE. = FOLIE.

FLEUR très-belle, garnie de cinq nectaires en forme de cornets recourbés et alternant avec les pétales. — On dirait une réunion de clochettes chinoises : elle ressemble encore à une *marotte*, ce qui explique pourquoi elle est devenue le symbole de la folie.

ANÉMONE. = ABANDON.

PLANTE printanière dont le type est une hampe droite, garnie ordinairement de trois feuilles formant une sorte de collerette. Sa fleur, qui porte le même nom, est inodore, mais remarquable par l'éclat et la variété de ses couleurs, dans les espèces cultivées.

« Mars, jaloux d'Adonis, le fit tuer à la chasse par un sanglier ; Vénus, qui l'aimait, le changea en *anémone*. »

Cette plante fut apportée des Indes orientales, vers le dix-septième siècle, par M. Bachelier, fleuriste de Paris. Pendant dix années, il garda soigneusement son trésor, sans communiquer à personne, ni la moindre patte d'anémone double, ni la plus petite graine d'anémone simple. On raconte qu'un conseiller au Parlement, chagrin de voir dans les mains d'un seul homme un bien qui était de nature à être mis en commun, alla un jour rendre visite à M. Bachelier. En passant près de ses anémones, il laissa adroitement tomber sa robe sur la bourre, c'est-à-dire, sur la graine de quelques-unes. Son laquais avait le mot, il releva promptement la robe, et la graine avec elle. Puis, le conseiller salua et partit.

L'année suivante, le conseiller usa largement de son larcin, et en fit part à l'Europe entière.

Pourquoi cette fleur signifie-t-elle *abandon*?

ANGÉLIQUE. — MÉLANCOLIE; TRISTESSE VAGUE.

PLANTE très-belle, odoriférante, dont on confit dans le sucre les tiges encore vertes, et qui fait aussi la base de plusieurs préparations liquides. Transportée dans les jardins, elle y forme d'épais massifs, qui répandent une senteur pénétrante. Son nom rappelle cet épisode charmant d'un poëme bien connu, où une belle princesse préfère l'amour d'un berger aux adorations d'une foule de Saladins.

ARGENTINE. — NAIVETÉ.

ŒILLET des bois : de la famille des rosacées; ses feuilles sont rares et petites ; sa fleur exhale une odeur douce et charmante. Le dessous des feuilles est d'un blanc luisant, et comme argenté. C'est à cette dernière particularité que l'argentine a dû son nom.

ARISTOLOCHE. — TYRANNIE; PUISSANCE.

GENRE de plantes à fleurs monopétales et irrégulières, en forme de cornet renflé à la base. *Il y a une espèce d'aristoloche dont le suc fait mourir les serpents*

Aubépine Aster Belles de jour.

ARRÊTE-BŒUF. — ENTRAVES.

Espèce de bugrane (plante légumineuse), ainsi nommée parce que ses racines traçantes font souvent obstacle à la charrue. — Le petit rameau sur lequel se groupent les fleurs est terminé par une pointe jaunâtre, dure et fine comme une aiguille.

ASTER. — ÉLÉGANCE.

Cette fleur n'est guère cultivée que comme plante d'agrément. — Elle comprend un grand nombre d'espèces à feuilles radiées. La plus remarquable est celle que l'on connaît sous le nom de reine-marguerite. — Elle nous vient de la Chine. C'est à la forme de leurs feuilles que ces fleurs ont dû leur nom : *Aster, étoile*.

AUBÉPINE. — DOUX ESPOIR.

Arbrisseau épineux du genre néflier, qui est propre à former des haies, des clôtures, et qui produit de petites fleurs blanches d'une odeur très-agréable, disposées par bouquets ou corymbes.

C'est au mois de mai que l'aubépine se pare de ses fleurs les plus éclatantes ; elle annonce l'été, après avoir embaumé l'haleine du printemps. C'est la fleur aimée de tous... le rossignol la connaît aussi, et c'est dans ses branches touffues et discrètes qu'il va d'ordinaire cacher le fruit de ses amours. — Les Romains accordaient à l'aubépine le pouvoir de combattre les maléfices. Au jour des hyménées, ils en formaient d'élégants faisceaux ; ils en attachaient encore auprès du berceau des nouveau-nés.

5

BAGUENAUDIER. — PRODIGALITÉ

Genre de plantes à fleurs papilionacées, qui sont de jolis arbrisseaux d'ornement ; ils ont pour fruit une espèce de gousse, appelée *baguenaude*, laquelle affecte la forme d'une petite vessie pleine d'air et qui éclate avec bruit lorsqu'on la presse entre ses doigts.

BALSAMINE. — IMPATIENCE.

Les botanistes ont donné à cette jolie plante le nom d'*impatiente* et de *Noli me tangere, ne me touchez pas.* — Sa hauteur est à peine d'un pied ; ses feuilles éclosent au long de sa tige ; elle monte comme un palmier microscopique, et se termine par un bouquet de verdure ; comme les gousses du baguenaudier, ses capsules éclatent avec force sous le doigt qui les presse. De là le *noli me tangere.*

La balsamine sauvage, ou *merveille à fleurs jaunes*, pousse dans les décombres, le long des ruisseaux et dans les bois : les uns disent qu'elle recèle du venin, d'autres la recommandent contre les douleurs néphrétiques; Buchwald la regarde comme vulnéraire, et prétend qu'on peut l'appliquer avec succès sur les plaies des parties nerveuses.

La balsamine mâle ou rampante, ou *pomme de merveille*, possède une vertu balsamique et légèrement astringente. Les Indiens mangent avec des assaisonnements ses fruits demi-mûrs, qui, dans leur pays, sont trois fois plus gros que les nôtres. Ils en boivent le suc. Ils mettent ses feuilles au nombre des légumes : ils les broient, et les appliquent sur les parties blessées.

BARDANE. — IMPORTUNITÉ.

PLANTE qui croît le long des chemins; son calice est formé de folioles crochues, dont les extrémités s'accrochent à la laine des moutons et aux habits des bergers.

BASILIC. — PAUVRETÉ.

LA pauvreté est souvent représentée sous la figure d'une pauvre femme ayant près d'elle un pot de basilic. Le basilic est une herbe odoriférante qu'on introduit quelquefois dans les ragoûts.

BELLE-DE-JOUR. — COQUETTERIE.

ESPÈCE de liseron d'un bleu céleste qui ne s'épanouit que pendant le jour. Rien n'est gracieux et poétique comme cette fleur. C'est l'amie de la mansarde, dont elle encadre et égaye la fenêtre. Elle semble dire au papillon : *Je suis belle, mon calice humide et frais appelle les baisers de la brise et du soleil... Hâte-toi de m'aimer, car mon règne est de courte durée.* Chaque soir, elle ferme ses feuilles fatiguées, et s'endort bercée par les rêves de la nuit, émue encore peut-être des souvenirs du jour. Les Latins l'appelaient *convolvulus*, de *convolvere*, ENTORTILLER, parce qne toutes les espèces sont grimpantes, et s'entortillent autour des treillages, appuis ou plantes qui les avoisinent.

BELLE-DE-NUIT. — AMOUR CRAINTIF; TIMIDITÉ.

PLANTE exotique dont les fleurs, qui ressemblent à celles du liseron, ne s'épanouissent qu'après le coucher du soleil. — On la nomme autrement *Jalap*. Un poëte a dit :

Si l'on voit quelques fleurs d'origine étrangère
Éviter parmi nous l'éclat de la lumière,
C'est qu'aux lieux où l'Europe a ravi leur enfance,
Le jour naît quand la nuit vers nos climats s'avance;
C'est que de leur patrie elles suivent les lois,
S'ouvrent à la même heure, ainsi qu'au même mois...

Cette explication est plus ingénieuse que vraie.

BÉTOINE. — ÉMOTION; SURPRISE; AGITATION.

PLANTE labiée, fort commune, et dont les feuilles sont sternutatoires. Son odeur est des plus pénétrantes : on en fait usage en médecine.

BLUET. — CLARTÉ; LUMIÈRE.

Allez, allez, ô jeunes filles,
Cueillir des bluets dans les blés.

VICTOR HUGO.

ESPÈCE de centaurée qui croît dans les blés, et qu'on nomme ainsi parce que la variété la plus commune a les fleurs bleues. L'eau de cette fleur possédait, dit-on, la propriété de conserver la vue, ce qui lui avait valu le surnom de *casse-lunettes*. Elle n'est plus aujourd'hui que la gaieté des champs et l'ornement des jardins. Le bluet porte aussi le nom de *barbeau* et d'*aubifoin*.

BOUILLON-BLANC. — BON NATUREL.

LES fleurs du *bouillon-blanc* sont employées en médecine comme pectorales. Bernardin de Saint-Pierre assure qu'ils croissent dans la saison où les rhumes de chaleur les rendent plus nécessaires.

BOULE-DE-NEIGE. — REFROIDISSEMENT.

LE nom de cette fleur exprime à la fois et sa forme et le symbole qu'elle représente. Elle est d'une espèce commune, mais elle concourt à cette variété des couleurs qui font le charme des jardins.

BOUTON-D'OR. — RAILLERIE.

QUI ne connaît cette petite fleur d'un jaune doré et reluisant? Variété de la renoncule des prés, elle aime le grand air et le soleil, et tranche vivement sur le ton plus pâle des fleurs qui l'entourent. Le suc de ses racines peut devenir mortel.

BUGLOSSE. — MENSONGE.

PLANTE potagère qui a beaucoup de rapport avec la bourrache, et qui est douée des mêmes propriétés médicinales. — En Italie, on mange la buglose cuite comme les choux. — Elle promet plus qu'elle ne donne.

BUIS. — FERMETÉ; STOICISME.

ARBRISSEAU toujours vert, dont le bois est jaunâtre et très-dur. De là, le choix qui en a été fait pour symboliser la fermeté.

Camélias, Chèvre-feuille,
Digitale

CAMÉLIA. — CONSTANCE; DURÉE.

L E Camélia, proprement dit, est une des plus belles conquêtes de l'horticulture. Il a été importé du Japon en 1739, par le Père Camelli, jésuite, et c'est Linné, le célèbre botaniste suédois, qui le premier lui donna le nom de *Camellia Japonica* (Camélia rouge à fleurs simples). Cette dénomination rappelle à la fois l'origine de la plante et le nom de son introducteur en Europe.

Le type primitif, tel qu'il fut importé, provoqua, dès son apparition, une admiration que sa beauté, l'éclat de ses couleurs, son port et son feuillage rendaient légitime.

CAMPANULE. — FLATTERIE.

F LEURS en forme de clochettes, d'une couleur bleuâtre, et agréable à l'œil. La campanule s'appelle encore vulgairement *miroir de Vénus*.

CAPUCINE. — FLAMME D'AMOUR.

L A capucine est le cresson du Pérou. Le prolongement qui la termine en forme de capuchon lui a valu son nom. Cette plante a les mêmes propriétés que le cresson. On assure que, les jours brûlants de l'été, la grande capucine dégage des étincelles électriques.

CHAMPIGNON. — MÉFIANCE.

N o m générique d'une famille nombreuse de plantes sans organes sexuels apparents, d'une consistance molle, spongieuse ou coriace, dénuées de feuilles et de racines, et dont la forme et la couleur varient beaucoup. Bon nombre de champignons sont vénéneux.

CHÈVREFEUILLE. — LIENS D'AMOUR.

L E chèvrefeuille est un genre de plante dont les fleurs sont monopétales et disposées en rayons. Chaque fleur est un tuyau fermé en bas, évasé par le haut, et découpé en deux lèvres. Le calice a la forme d'une petite grenade.

CIGUE. — PERFIDIE.

P LANTE ombellifère, dont une espèce, la *grande ciguë*, est très-vénéneuse.

Le poison extrait de la grande ciguë servait à Athènes à donner la mort à ceux que l'Aréopage avait condamnés, *Socrate et Phocion furent condamnés à boire la ciguë.*

COLCHIQUE. — MAUVAIS NATUREL.

LE colchique fleurit dans les prés humides à la fin et quelquefois au commencement de l'automne. On l'a introduit dans les jardins, en raison de la beauté de sa fleur. Sa tige est un tube blanc, un peu triangulaire, accompagné à sa base d'une légère feuille séminale, blanche aussi. Le tube, à son sommet, qui est fort peu élevé, se partage en six pétales, dont trois sont enfermés entre les trois autres. Ces pétales grandissent et s'étendent jusqu'à ce que la fleur, formant à peu près une étoile, n'ait plus qu'à se flétrir. Sa couleur, à peine rosée, devient, quand la fleur s'épanouit, d'un bleu rose et très-tendre. Le colchique est un violent poison, surtout pour les chiens.

COQUELICOT. — REPOS.

ESPÈCE de pavot. — Ses fleurs ont constamment quatre pétales rouges avec une tache noire à l'onglet. Les coquelicots doubles donnent plusieurs variétés de couleurs, tant pleines que mélangées. Les fleurs de pavot sont légèrement somnifères.

CORONILLE. — INGÉNUITÉ.

PLANTE dont les fleurs sont ordinairement disposées en couronne. Elle a un air coquet et gracieux, frêle et délicat qui attire et charme le regard.

COURONNE IMPÉRIALE. — DIGNITÉ.

ESPÈCE de fritillaire (plante liliacée), à tige unique et droite. Les feuilles l'entourent jusqu'à la moitié de la taille; à son extrémité, un rang circulaire de belles tulipes la couronne.

CRÊTE DE COQ. — PERVERSITÉ.

PLANTE fort commune dans les prés, dont la fleur est en casque, et dont les graines sont bordées d'une large membrane. Elle brûle, dit-on, les plantes et les arbres qui croissent à ses côtés. C'est à cette désastreuse influence qu'elle a dû de devenir le symbole de la perversité.

CYPRÈS. — DEUIL; REGRETS ÉTERNELS; TRISTESSE.

ARBRE toujours vert, de la famille des conifères (dont le fruit est en cône). Chez les anciens le cyprès était l'emblème du deuil. On plantait des cyprès autour d'un tombeau.

DAHLIA. — ABONDANCE STÉRILE.

L E dahlia a été apporté du Mexique, vers l'année 1789.
C'est une des plus belles fleurs dont on puisse orner un
jardin. Malheureusement, le dahlia n'a aucun parfum ;
en revanche, les variétés se sont multipliées à l'infini. Sa
taille varie de un à six pieds ; ses tiges naissent en touffe.
« Depuis vingt ans, dit Alph. Karr, on a semé quarante
lieues de graines de dahlia ; sans qu'on ait pu avoir un
dahlia bleu. »

DIGITALE. — TRAVAIL.

P LANTE ainsi nommée, parce que sa fleur rappelle la
figure d'un dé à coudre, d'où le symbole qu'elle représente. Il y a deux sortes de digitales : la digitale blanche
et la digitale pourprée. Administrée à forte dose, elle devient
un narcotique bienfaisant pour certaines affections.

DIPSACUS (CHARDON). — J'AI SOIF.

L E *chardon frisé* s'élève fort peu et buissonne beaucoup ; il ajoute à l'aridité du sol qu'il couvre : ses maigres houppes de fleurs purpurines, disposées au long de ses branches, sont plutôt un symbole de sécheresse que de fraîcheur. On pourrait à quelques égards trouver ce chardon assez doux : conservez néanmoins une sage méfiance ; le calice de ses fleurs est armé de fortes épines : boursouflé par tant de lames qui se rangent autour de lui, il ressemble à un petit hérisson.

Le chardon-bonnetier, que l'on cultive pour l'usage qu'on en fait dans l'industrie des lainages, forme une exception dans la famille nombreuse des chardons. Sa tige droite et haute est fort branchue, et chargée sur tous ses côtés de véritables épines. Les feuilles ne se trouvent qu'à la naissance des branches. La tête du chardon a la forme d'un pompon hérissé de crochets pointus et sert à peigner les draps. Mille fleurs délicates se trouvent entre les épines imposantes, et secrètent un suc dont les abeilles sont très-friandes ; les feuilles bienfaisantes conservent aux oiseaux la douce rosée du matin et fournissent une eau salutaire pour les maux d'yeux.

Églantier Épine vinette fruitée,
Fougère

ÉGLANTINE. — VOUS PARLEZ BIEN.

GENRE de rosacées, fondé sur un arbrisseau défendu par des épines fortes et recourbées, qui pousse dans les bois, sur le bord des chemins, dans les haies; il couronne de ses fleurs blanches ou d'un rose pâle les buissons au milieu desquels ses branches croissent éparses, et dont les tiges greffées portent les variétés infinies de roses qui égayent nos jardins. Les fruits de l'églantier sont employés en Allemagne à faire d'excellentes confitures.

ELLÉBORE. — BEL ESPRIT.

GENRE de renoncules elléborées, établi pour des plantes herbacées, dont le type est l'ellébore noir. Les anciens l'employaient comme un médicamennt perturbateur. Il possédait, disait-on, la propriété de guérir de la folie.

> Souvent notre bonheur malgré nous s'évapore
> Et nous aurions besoin, tous, d'un grain d'ellébore.
>
> REGNARD.

ÉPHÉMÉRINE. — BONHEUR D'UN INSTANT.

PLANTE qui donne de jolies fleurs, dont l'éclat ne dure que quelques instants. Elle est originaire de la Virginie.

ÉPINE NOIRE. — DIFFICULTÉ.

ARBRISSEAU dont les branches sont garnies de piquants Le bouvreuil à tête noire fait son nid dans l'épine blanche (Bernardin de Saint-Pierre). Le symbole que représente ce petit arbre s'explique de lui-même. — Il y a différentes épines : épines d'été, épines noires, épines marantes, épines royales, etc., etc.

ÉRABLE. — RÉSERVE.

IL fleurit tard, ses fruits tombent lentement, et sa végétation se fait avec une sorte de prudence et d'économie.

FENOUIL. — MÉRITE.

PLANTE aromatique. — L'une des cinq grandes apéritives de la famille des ombellifères et du genre aneth. — Le fenouil, dont la saveur est très-forte, n'est du goût d'aucun des animaux domestiques. Dans les pays chauds et humides, où il se reproduit spontanément avec abondance dans les vignes et les haies, on ne le destine guère qu'à chauffer le four. Dans les provinces, on jonche de fenouil les rues que doit parcourir le saint sacrement, dans les processions du culte catholique.

FOUGÉRE. — CONFIANCE.

GENRE de plantes monocotylédonées cryptogames, croissant spontanément dans les bois et les lieux incultes, et dont on ignore encore le mode de fécondation.

Vous n'avez point, humble fougère,
L'éclat des fleurs qui parent le printemps ;
Mais leur beauté ne dure guère,
Vous êtes aimable en tout temps.

LÉONARD.

FRAISIER. = IVRESSE; DÉLICES.

GENRE de rosacées dryadées, établi pour des plantes herbacées, gazonnantes, à fleurs blanches et jaunes, en co-
rymbe à l'extrémité des tiges. On n'en connaît qu'une seule
espèce, le fraisier commun, naissant dans les bois, sur les
coteaux ombragés, où il donne des fruits peu nombreux,
souvent rouges, et d'un goût acidulé fort agréable, accompagné d'un parfum délicieux.

.De globules vermeils les fraisiers sont couverts.

CASTEL.

FUCHSIA. = AMABILITÉ.

GENRE de la famille des œnothéracées, type de la tribu
des fuchsiées, renfermant plus de cinquante espèces connues, et dont un grand nombre sont recherchées en Europe
pour l'ornement des serres.

FUMETERRE. = FIEL.

PLANTE commune, qui se trouve en grande quantité
dans les champs. Elle est fort amère, et souvent employée en médecine comme tonique.

FUSAIN OU BONNET DE PRÊTRE. — VOTRE IMAGE EST GRAVÉE DANS MON CŒUR.

CET arbrisseau vient naturellement le long des haies; son bois sert à faire des fuseaux, des lardoirs. Réduit en charbon, on l'emploie pour tracer des esquisses légères. C'est dans les buissons touffus de fusain que les oiseaux chantent les premières fêtes et les premières joies du printemps.

GATTILIER. — PURETÉ; CHASTETÉ.

LES fleurs du gattilier sont bleues et blanches, disposées en grappes droites à l'extrémité des rameaux.

GÉRANIUM ÉCARLATE. — BÊTISE.

IL y en a de plusieurs espèces : le géranium strié d'Italie, le géranium sanguin, le géranium macrorhize, le géranium robertin. Leurs fruits affectent la forme d'un bec de grue.

GERBE D'OR. — AVARICE.

LA plupart des plantes qui composent ce joli genre de plantes sont originaires de l'Amérique septentrionale, où le nom vulgaire de *gerbe d'or* fait place à celui de *solidago*. Les espèces aujourd'hui cultivées dans nos jardins sont nombreuses. La plus remarquable est le *solidago* du Canada (B. R.)

GIROFLÉE, VIOLIER, RAVENELLE. — LUXE.

PLANTE de la famille des crucifères; on la trouve aussi sur les vieux murs, dans les lézardes des tours antiques, et dans les fentes des rochers à peine revêtus de mousse et de lichen.

GLAYEUL. — INDIFFÉRENCE.

PLANTE de la famille des iridées, dont les feuilles sont longues, étroites et pointues comme un glaive. Le glayeul commun est le seul qui croisse naturellement en France.

GROSEILLIER. — VOUS FAITES MES DÉLICES.

ARBRISSEAU communément cultivé en France. Il est originaire des Alpes.

GUI. — LIAISON DANGEREUSE.

PLANTE parasite de la famille des chèvrefeuilles, dont la semence s'attache à l'écorce de certains arbres, tels que le chêne, le pommier, l'aubépine, etc., et dont les feuilles ont une saveur amère et mucilagineuse.

> Ainsi, lorsque l'hiver attriste la nature,
> Le *gui* sur un vieux chêne étale sa verdure,
> Et l'arbre, enorgueilli d'un éclat emprunté,
> Se couronne d'un fruit qu'il n'a point enfanté.

CASTEL.

« C'était grande cérémonie chez les Gaulois, dit M. Bescherelle, quand on devait cueillir le gui de chêne qu'ils
regardaient comme sacré. Leur chef montait sur le chêne,
coupait le gui avec une faucille d'or, et le premier jour de
l'an on le distribuait au peuple comme une chose sainte,
en criant : *Au gui, l'an neuf*, pour annoncer la nouvelle année. Suivant eux, l'eau du gui fécondait les animaux stériles,
et offrait un préservatif contre toutes sortes de poisons » :

Sur un chêne orgueilleux, des peuples adoré,
Les druides sanglants cueillaient le *gui* sacré ;
Les autels exposaient au culte du vulgaire
De la faveur des dieux ce gage imaginaire.

ROSSET.

GUIMAUVE. — DOUCEUR EXQUISE.

CETTE plante est bienfaisante autant que belle. — Elle
est la base des cataplasmes.

Géranium , Guimauve Heux.
Héliotrope.

HÉLÉNIE. — PLEURS.

L ES larmes d'Hélène se métamorphosant en fleurs, telle est l'origine de l'hélénie. C'est une plante du genre corymbifères.

HÉLIOTROPE. — AMOUR ÉTERNEL.

C HARMANT arbrisseau qui se fait moins remarquer par la beauté de ses fleurs que par son délicieux parfum : ses rameaux ronds et velus sont chargés de jolies feuilles ovales, gaufrées, velues et d'un vert foncé. La découverte de cette fleur est due, dit-on, à M. Joseph de Jullun.

« La mythologie nous apprend que Dlythie, pénétrée de douleur en voyant Apollon, qui l'aimait, lui préférer Leucorrhée, sa sœur, se laissa mourir de faim, et que le dieu la changea en héliotrope. »

Une autre version, non moins mythologique, entoure la naissance de l'héliotrope d'autres circonstances :

> Ils admiraient, quand le pasteur d'Amphise
> Vient annoncer que son chef-d'œuvre est prêt.
> L'héliotrope aussitôt apparaît !
> Figurez-vous quelle fut la surprise
> De tous les dieux, alors que, se penchant
> Vers son auteur, cette fleur bien apprise
> Se retourna d'un air reconnaissant.
>
> D. BEAUCARON.

HIÈBLE OU SUREAU. — HUMILITÉ.

LES feuilles et la graine de l'hièble sont d'un vert obscur.

> Et l'*hièble* touffu se cache dans les plaines.
> CASTEL.

HORTENSIA. — FROIDEUR.

CET arbrisseau porte des fleurs d'un rose tendre, qui naissent à l'extrémité des rameaux en boules, en corymbes touffus. On croit que son nom lui vient de la reine Hortense, à laquelle il aurait été dédié.

HOUX. — DÉFENSE.

ARBRE toujours vert, dont les feuilles sont luisantes et armées de piquants, et dont le fruit est une baie d'un très-beau rouge. Les houx viennent dans les bois, dans les haies.

Le *houx* luisant armé de ses dards épineux.

DELILLE.

IF. — AFFLICTION.

ARBRE toujours vert, à feuilles étroites, qui porte un fruit rond et rouge. Les traditions attribuent à l'if les propriétés les plus malfaisantes ; ses feuilles tuent les chevaux qui les mangent. — Leur suc servait aux Gaulois pour empoisonner leurs flèches. — Les émanations de cet arbre sont fatales aux abeilles. — Des expériences récemment faites ont démontré que ces traditions n'étaient pas complétement dénuées de fondement.

(BESCHERELLE.)

Nous saluons le temple, et l'*if* religieux
Qui protége la tombe où dorment nos aïeux.

CHENEDOLLÉ.

IMMORTELLE. — CONSTANCE.

L'IMMORTELLE est recherchée pour l'ornement des serres et des jardins, et les corymbes de certaines es-

pèces, cueillies un peu avant l'épanouissement des corolles,
peuvent tenir lieu de fleurs artificielles.

> L'amour est cette fleur si belle
> Dont Zéphire ouvre les boutons;
> Mais l'amitié, c'est l'*immortelle*
> Que l'on cueille en toutes saisons.
>
> DUMAS.

IRIS. — BONNE NOUVELLE.

PLANTE qui croît au bord des ruisseaux, et dans les terrains marécageux : elle aime l'ombre et la solitude.

> L'*iris* demande un abri solitaire;
> L'ombre entretient sa fraîcheur passagère.
>
> PARNY.

IVRAIE. — VICE.

PLANTE parasite, ressemblant au chiendent commun : elle
fait la désolation des campagnes.

La faux ne discute pas avec l'ivraie, a dit un publi-
ciste de notre temps.

JACINTHE. — AMÉNITÉ.

L A jacinthe est originaire de l'Orient. Sa beauté l'a fait rechercher dans tous les pays, et sous toutes les zones, en France, en Allemagne, en Flandre, en Angleterre, et surtout en Hollande. — Il y a plusieurs espèces de jacinthes :

La *jacinthe des bois* : elle a pour racine une bulbe ou oignon. Cet oignon se multiplie par caïeux qui se détachent. On assure qu'un très-bon microscope fait voir dans la bulbe d'une fleur la plante entière qui doit se développer et en sortir. Sa tige est ronde et délicate ; ses feuilles vertes, lisses, allongées. Au sommet de chaque pétiole est une étoile blanche, sans calice, formée des six divisions presque totales de la corolle, sur les extrémités desquelles s'élèvent six étamines bleues.

La *jacinthe double des jardins*. La jacinthe doublée a tous les caractères d'un ouvrage de l'art. Épaisse et pesante, on la dirait quelquefois sculptée en marbre. On la range en plates–bandes, en représentation avec ses compagnes, *comme les dames bien parées, dont l'ensemble fait le grand mérite,* et l'on dresse une tente au-dessus d'elles pour les préserver du soleil. La *jacinthe des champs* n'a ni la fraîcheur ni la grâce de celle des jardins. Sa tige est du même genre, ronde, glabre, et tachetée de rouge. Ses longues feuilles, roulées à la base, se détachent bientôt, comme des banderolles qui se jouent autour d'un mât.

Les poëtes ont consacré la jacinthe à la mémoire du jeune ami d'Apollon, que la jalousie de Zéphir fit mourir.

JASMIN. — AMABILITÉ.

PLANTE de la famille des jasminées. L'espèce la plus remarquable est le jasmin blanc, originaire de la côte de Malabar. Les fleurs du jasmin servent à la préparation des liqueurs, des essences et des huiles. Les parfumeurs en font un grand usage.

Là du *jasmin* doré la précoce famille
Brille avec le rosier, à travers la charmille.

ROUCHER.

Le *jasmin* blanc qu'un fil savant dirige,
De jets nombreux enrichit l'espalier.

CAMPENON.

JOLIBOIS. — GENTILLESSE.

LES branches du jolibois, ou *Daphné bois-gentil,* ressemblent à des thyrses entourés d'une guirlande montante de fleurs couleur pourpre, groupées par bouquet.

JONC. — SOUMISSION; DOCILITÉ.

LE jonc croît dans les endroits marécageux. Plusieur
espèces servent à faire des nattes, des liens, des cannes
— On dit vulgairement *souple comme un jonc.*

> Le *jonc* pliant, sur ces appuis nouveaux,
> Doit enchaîner leurs flexibles rameaux.
>
> PARNY.

Il existe d'innombrables espèces de jonc.

JONQUILLE. — JE LANGUIS D'AMOUR.

PLANTE du genre des narcisses. Il y en a de diverse
sortes qui sont originaires de Perse, de Provence
d'Espagne, de la Guadeloupe :

La jonquille à grandes fleurs ;

La jonquille à petites fleurs ;

La jonquille à fleurs doubles.

« Les jonquilles, en général, se perpétuent de semence
mais plus promptement par les oignons ou caïeux qu'o
couvre d'une terre légère à la hauteur d'un pied; on l
arrose modérément. On les lève au mois de septembre, et o
en coupe les filets et le chevelu. » — *Dioscoride* préten
que la racine des jonquilles est vomitive.

> Et la *jonquille* encor
> Offre à mon œil ravi, la pâleur de son or.
>
> ROUCHER.

JUJUBIER. = SOULAGEMENT.

ARBRISSEAU épineux, originaire de la Syrie, et naturalisé dans le midi de la France. Le jujubier s'élève jusqu'à cinq ou six mètres de hauteur; son bois est épineux, ses feuilles oblongues et luisantes. — On fait du sirop avec le fruit du jujubier; ce sirop est souvent employé en médecine, et est rangé parmi les pectoraux adoucissants. (*Dict. des sciences méd.*)

KEDSOURA. — FRUGALITE.

Arbrisseau originaire de Java et du Japon.

KETMIE. — VOUS ÊTES JOLIE.

Plante de la famille des mauves, originaire de l'Italie et de l'Afrique, et remarquable par la beauté de ses fleurs.

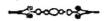

Kermi. Laurier rose Lilas blanc.
Liseron.

LAURIER. — TRIOMPHE; GLOIRE.

L E plus connu est le laurier commun, ou laurier d'Apollon, laurier des poëtes.

« Aucun arbre, dit Bescherelle, n'a joui chez les anciens d'une plus grande célébrité, aucun n'a été plus souvent chanté par les poëtes. Il était particulièrement consacré au dieu des vers, qui l'adopta pour son arbre favori, lorsque Daphné, fuyant ses embrassements, fut métamorphosée en laurier. On en ornait ses temples, ses autels, et le trépied de la Pythie. On prétendait, sans doute à cause de son odeur pénétrante, qu'il communiquait l'esprit de prophétie et l'enthousiasme prophétique. Virgile fait remonter jusqu'au siècle d'Énée la coutume de ceindre de laurier le front des vainqueurs. Les généraux le portaient dans les triomphes, non-seulement autour de la tête, mais encore dans les mains, et on le plantait aux portes et autour des palais des empereurs. — Dans le moyen âge, le laurier a servi, dans nos universités, à couronner les poëtes, les artistes et les savants distingués par de grands succès. »

Ce laurier, c'est Daphné, chère au dieu qui l'adore,
Sous l'écorce vivante, elle palpite encore ;
Ses bras tendus encore agitent ses rameaux.

PARSEVAL GRANDMAISON.

Aux plus savants auteurs, comme aux plus grands guerriers,
Apollon ne promet qu'un nom et des lauriers.

BOILEAU.

LAVANDE. — SILENCE.

CETTE plante, d'une odeur fortement aromatique, croît sur les côteaux et le long des chemins pierreux. — On assure que la lavande a la vertu de rendre la parole à ceux qui l'ont perdue.

LIERRE. — ATTACHEMENT.

LE lierre, dit Bernardin de Saint-Pierre, dont on couronnait jadis les grands poëtes qui donnent l'immortalité, couvre quelquefois de son feuillage le tronc des plus grands arbres. Il est une des fortes preuves des compensations végétales de la nature ; car je ne me rappelle pas en avoir jamais vu sur les troncs des pins, sapins et des arbres dont le feuillage dure toute l'annee. Il ne revêt que ceux que l'hiver dépouille. Symbole d'une amitié généreuse, il ne s'attache qu'aux malheureux, et lorsque la mort même a frappé son protecteur, il le rend encore l'honneur des forêts où il ne vit plus ; il le fait renaître, en le décorant de guirlande de fleurs et de festons d'une vertu éternelle.

Le Lierre croit trouver partout des frères.

Proverb.

LILAS. — PREMIER TROUBLE D'AMOUR.

LE lilas est originaire de Perse ; c'est le messager du printemps. — Rien de plus frais que cette plante ; le lilas croît en touffes : ses feuilles sont d'ordinaire réunies sur des rameaux verts comme elles : le tissu ressemble à celui d'un taffetas très-fin. « Chaque fleur de lilas contient dans son tube un pistil vert et deux étamines, dont les filets attachés à ses parois sont presque nuls, et supportent deux petites anthères jaunes toutes en poussière. »

Le lilas donne autant de graines qu'il a de fleurs, et se multiplie comme une famille.

> Je le revois, sous le dais de verdure,
> Que forment les *lilas* aux panaches fleuris.
>
> BÉRANGER.

> Que le *lilas* vienne en grappe, en bouquet,
> Y balancer sa tige parfumée.
>
> CAMPENON.

LIS. — MAJESTÉ ; PURETÉ.

LE lis est originaire du Levant : il a été longtemps le symbole de la France. Sa tige est couronnée d'un chapiteau de cinq à huit fleurs pédonculées, très-grandes, du blanc le plus pur, du parfum le plus suave, dont celles qui sont tout à fait à l'extrémité de la tige regardent fièrement le ciel, et les autres s'inclinent à demi au-dessous de leurs sœurs. Le lis est le symbole de la virginité, de la candeur, de l'innocence, de la pureté.

> Le *lis*, plus noble et plus brillant encore,
> Lève sans crainte un front majestueux ;

5

Paisible roi de l'empire de Flore,
D'un autre empire il est l'emblème heureux.

PARNY.

Le *lis* que dans ces lieux un charme fit éclore,
Dans sa coupe d'argent boit les pleurs de l'amour.

BAOUR-LORMIAN.

Noble fils du soleil, le *lis* majestueux
Vers l'astre paternel dont il brave les feux
Élève avec orgueil sa tête souveraine.
Il est le roi des fleurs, comme la rose est reine.

BOISJOLIN.

LOBÉLIE DU CARDINAL. — AMOUR DU PROCHAIN.

PLANTE campanulacée. — Les racines de la lobélie ou cardinal bleu, originaire de la Virginie, sont employées en Amérique contre certaines affections.

LUNAIRE (GRAND). — MAUVAIS DÉBITEUR.

HERBES à tiges droites, à feuilles pétiolées, à fleurs assez grandes, disposées en grappes terminales.

LUZERNE. — ÉLOGE DE LA VERTU.

LA *luzerne cultivée* est originaire de Médie ; elle a été importée en France du temps des Romains.

LYCHNIS DES CHAMPS. — SYMPATHIE IRRÉSISTIBLE

LES anciens connaissaient le lychnis. — Plante polypétale, dont les pétales, portés sur un onglet allongé, sont insérés sous l'ovaire au fond d'un calice tubulé et uni à sa base extérieure.

(Dictionnaire universel de Bescherelle.)

Marguerite, Muguet, Myosotis
Narcisse.

MARGUERITE. ═ CANDEUR; INNOCENCE.

On raconte que, madame Marguerite de France, fille de François Iᵉʳ, ayant épousé Emmanuel Philibert, et allant en Savoie trouver ce prince, on lui présenta quelque part sur la route une corbeille de fleurs où il n'y avait que des marguerites avec ces vers :

> Toutes les fleurs ont leur mérite;
> Mais, quand mille fleurs à la fois
> Se présenteraient à mon choix,
> Je choisirais la *marguerite.*

Les marguerites fleurissent au printemps et sont communes dans les prairies. C'est l'oracle des jeunes filles.

> Souvent la pastourelle,
> Loin de son jeune amant,
> Se dit : M'est-il fidèle ?
> Reviendra-t-il constant?

Tremblante, elle te cueille ;
Sous son doigt incertain,
L'oracle qui s'effeuille
Révèle son destin.

MARJOLAINE VULGAIRE. = CONSOLATION.

ON faisait autrefois un grand usage de cette plante en
médecine. Elle passait pour être très-efficace contre les
maladies du cerveau.

MAUVE. = DOUCEUR MATERNELLE.

LA mauve est une jolie plante, dont on connaît aujour-
d'hui au moins cent espèces. Autrefois, elles étaient cultivées avec soin dans les jardins, et on les servait sur les
tables diversement apprêtées. De nos jours encore, les Chinois mangent les feuilles de mauve, apprêtées comme chez
nous la laitue et les épinards.

Pythagore a dit :

Semez la *mauve,* mais ne la mangez pas.

C'est-à-dire, ayez de la douceur pour les autres, et non
pas pour vous.

MENTHE. = SAGESSE; VERTU.

BERNARDIN DE SAINT-PIERRE prétend que la nature
place la menthe dans les endroits humides, pour en
purifier les exhalaisons.

Il y a vingt espèces de menthe : la menthe rotondifoliée ;

la menthe verte ; la menthe poivrée ; la menthe crépue ; la menthe cultivée ; la menthe cervinée, etc., etc.

MILLE-FEUILLE. ═ GUÉRISON.

L A mille-feuille a, dit-on, la propriété de guérir les blessures. Cette plante est loin de mériter la réputation qu'on lui a faite.

MYOSOTIS. ═ NE M'OUBLIEZ PAS.

Q UI ne connaît cette jolie petite fleur bleue, à étoile jaune? Rien n'est plus frais, ni plus délicat, ni plus coquet. Elle croît sur le bord de l'eau. On rapporte à son sujet, une tradition touchante, à laquelle elle devrait son nom allemand, *Vergiss mein nicht*.

Deux amoureux se promenaient sur les bords escarpés d'un torrent ; ils parlaient du ciel et de la terre, du présent et du passé ; ils faisaient de doux projets pour l'avenir, ils avaient la joie dans le cœur : tout à coup une fleur de myosotis leur apparaît... la pauvre fleur va être entraînée par le torrent ; la jeune fille le fait remarquer à son amant, et celui-ci, n'écoutant que son amour, se précipite aussitôt dans les flots... Mais, hélas ! le torrent devait être plus fort que lui ; c'est en vain qu'il lutte contre la force du courant, les flots écument et l'entraînent lui-même... Cependant, avant de disparaître pour jamais, ajoute la légende, il eut encore le courage de tendre à sa fiancée la fleur qu'il vient de saisir, et de prononcer ces mots, *Ne m'oubliez pas!*

MYRTE. = AMOUR.

ARBRISSEAU dont les fleurs sont menues, et qui porte de petites fleurs blanches, d'une odeur agréable. — Chez les anciens, le myrte était consacré à Vénus. — A Athènes, les suppliants et les magistrats portaient des couronnes de myrte. — On portait également une couronne de myrte quand on récitait des vers d'Eschyle et de Simonide. — Dans les festins joyeux, une branche de cet arbre passait de main en main, avec la lyre, et c'était pour chaque convive l'invitation de chanter à son tour des vers érotiques.

> Sous le simple lambris
> Des *myrtes* verts et des rosiers fleuris,
> Entrelacés par la main du mystère,
> L'amour conduit les enfants de Cypris.
>
> MALFILATRE.

NARCISSE. ═ AMOUR-PROPRE; FATUITE.

POINT n'est besoin de raconter l'histoire de Narcisse; tout le monde la connaît. La plante à laquelle sa mort aurait donné naissance aime encore à se mirer au bord des eaux ; le parfum de ses fleurs est doux et agréable.

> Le *narcisse*, penché sur l'onde transparente,
> Épris d'nn fol amour, y cherche encor ses traits.
>
> BAOUR-LORMIAN.

> Ici fleurit l'infortuné *narcisse*,
> Il a toujours conservé la pâleur
> Que sur ses traits répandit la douleur.
> Il aime l'ombre, à ses ennuis propice,
> Mais il craint l'eau qui causa son malheur.
>
> PARNY.

NÉNUFAR. — FROIDEUR; IMPUISSANCE.

PLANTE aquatique, d'ornement pittoresque et du plus bel effet pendant la floraison. Ses fleurs s'épanouissent hors de l'eau, y rentrent pendant la nuit dans le temps de la fécondation, et n'en sortent plus qu'après qu'elle est terminée. On croyait autrefois que la racine du nénufar était antiaphrodisiaque; mais on sait aujourd'hui que les propriétés des fleurs sont nulles, et que la racine, loin d'avoir la vertu qu'on lui supposait, produirait plutôt un effet tout opposé.

NICOTIANE. — DIFFICULTÉ VAINCUE.

PLANTE dont on tire le tabac: Jean Nicot, ambassadeur en Portugal, l'introduisit en France vers la fin du seizième siècle.

NIGELLE (CHEVEUX DE VÉNUS). — LIENS D'AMOUR.

ON trouve quelquefois la nigelle dans les champs; elle est délicate et pâle. Introduite dans les parterres et cultivée avec soin, elle produit un effet charmant. « Sa fleur, bleu tendre, simple ou double, est entourée d'une collerette ou de filets verts qui la dépasse de plus d'un pouce. Avant de s'épanouir, elle penche languissamment la tête: on la dirait flétrie.

ŒILLET. — AMOUR VIF ET PUR.

ON attribue les premiers procédés de culture convenables à l'œillet à René d'Anjou, ex-roi de Naples, qui vint, au commencement du seizième siècle, en Provence, se consoler, par la culture des fleurs, de la perte de son trône.

L'œillet est une plante herbacée, à feuilles opposées, linéaires et à tiges articulées, très-souvent d'un vert glauque.

Les confiseurs en font une liqueur agréable sous le nom de *ratafia d'œillet.*

De son panache ainsi, l'*œillet* s'enorgueillit.

DELILLE.

La renoncule, un jour, dans un bouquet
Avec l'*œillet* se trouva réunie,
Elle eut, le lendemain, le parfum de l'*œillet.*
On ne peut que gagner en bonne compagnie.

BÉRANGER.

Aimable *œillet*, c'est ton haleine
Qui charme et pénètre mes sens ;
C'est toi qui verses dans la plaine
Ces parfums doux et ravissants.
Les esprits embaumés qu'exhale
La rose fraîche et matinale
Pour moi sont moins délicieux
Et ton odeur, suave et pure,
Est un encens que la nature
Élève en tribut vers les cieux.

Il y a cent espèces d'œillets : œillet musqué, œillet blanc, œillet ponceau, œillet jaune, œillet panaché, œillet de poëte, œillet d'Inde, etc., etc.

OLIVIER. — PAIX.

ARBRE à feuilles entières, toujours vertes, à fleurs petites, disposées en grappes ou en panicule auxiliaire ou terminale.

L'olivier figure dans la mythologie des anciens comme un arbre exceptionnellement vénéré. Neptune et Minerve s'étant disputé l'honneur de nommer la ville d'Athènes, nouvellement bâtie, ils convinrent que celui des deux qui lui ferait le don le plus précieux aurait la préférence. — Neptune frappa aussitôt la terre de son trident, et il en sortit un cheval, emblème de la guerre. — Minerve fit paraître l'olivier, emblème de la paix, et c'est elle qui fut choisie pour nommer la ville nouvelle.

Du vert laurier, superbe est la couronne,
Moins d'apparence a le pâle *olivier ;*
Mais plus amer est le fruit du laurier,
Plus doux le fruit que l'*olivier* nous donne.
                                        DU BELL.

Lorsque chacun des dieux prit un arbre en partage,
Alcide, nous dit-on, choisit le peuplier ;
Le lierre, pour Bacchus, déploya son feuillage,
  Apollon sourit au laurier.

De la céleste cour le monarque suprême
Au chêne décerna l'empire des forêts :
Minerve à l'*olivier* dit : Tu seras l'emblème
  De l'abondance et de la paix.

ONAGRE. — FIERTÉ SOTTE.

Plante originaire de l'Amérique. On la nomme vulgairement *Herbe aux ânes* ou *Jambon de Saint-André*
Quelques botanistes la représentent comme étant le symbole de l'*inconstance*, parce que plusieurs fois elle aurait été perdue et retrouvée. C'est M. Mordant de Launay qui l'aurait rendue, en dernier lieu, aux jardins de Paris.

ORANGER. — VIRGINITÉ ; GÉNÉROSITÉ.

Grand arbrisseau importé de la Chine au commencement du quinzième siècle. Tous les poëtes l'ont chanté ; c'est un des plus beaux arbres de la création. Il fut célèbre dans l'antiquité. — Les fameuses pommes d'or qu'Hippomène lança dans l'arène pour vaincre la belle Atalante à la course, étaient de splendides oranges dérobées au jardin des Hespérides.

Tel l'or pur étincelle au milieu des métaux,
Tel brille l'oranger parmi les arbrisseaux.
Seul, dans chaque saison, il offre l'assemblage
De fruits naissants et mûrs, de fleurs et de feuillage.

LE LANGAGE DES FLEURS.

Ni l'ambre que la mer épure dans ses flots,
Ni le myrte qu'amour apporta de Paphos,
Ni le souffle charmant de l'aube matinale,
Ne sauraient approcher du parfum qu'il exhale.

CASTEL.

Oranger, dont la voûte épaisse
Servit à cacher nos amours,
Reçois et conserve toujours
Ces vers, enfants de ma tendresse
Et dis à ceux qu'un doux loisir
Amènera dans ce bocage,
Que si l'on mourait de plaisir,
Je serais mort sous ton ombrage.

PARNY.

Oranger, arbre que j'adore,
Que vos parfums me semblent doux !
Est-il, dans l'empire de Flore,
Rien d'agréable comme vous?

LA FONTAINE.

A la fleur d'oranger appartient le doux privilége de former le bouquet des jeunes mariées.

OPHRISE-ARAIGNÉE (OPHRYS) = ADRESSE; HABILETÉ.

GENRE de plantes, dont plusieurs espèces sont admises dans les jardins d'agrément à cause de la singularité de leurs fleurs, qui figurent, à s'y tromper, différentes sortes d'insectes.

L'ophrys-araignée se trouve dans les bois.

« Arachné, fille d'Idmon, de la ville de Colophon, était
tellement habile dans l'art de la broderie, qu'elle osa un
jour défier Minerve de la surpasser en adresse. La déesse,
irritée de cette témérité, brisa ses fuseaux, son métier, et la
changea en araignée, dont l'ophrys nous offre l'image ;
depuis ce temps elle a tissé sa toile avec autant d'adresse
qu'avant sa métamorphose. »

PAVOT. == SOMMEIL.

PLANTE herbacée à fleurs terminales, penchées avant leur épanouissement. — Elle est originaire d'Orient; c'est une des plantes les plus fécondes. — On a calculé qu'une seule peut en produire jusqu'à trente-deux mille.

Le pavot est l'un des attributs de Morphée, dieu du sommeil.

> Les *pavots* que Morphée épaissit sur les yeux
> De la volupté qui sommeille.

LEBRUN.

Ronsard en a fait l'emblème de l'oubli :

> J'ay receu vos cyprez et vos orangers vers.
> Le cyprez est ma mort, l'oranger signifie
> (Ou Phœbus me déçoit) qu'après ma courte vie
> Une gentille odeur sortira de mes vers.

Œillet. Pensées. Pervanches
Pieds d'Alouettes.

Recevez ces pavots que le somme a couverts
D'une oubli stygienne : il est temps que j'oublie
L'amour qui sans profits depuis six mois me lie,
Sans aleuter ma corde, ou desclouer mes fers.

PENSÉE. — JE PENSE A VOUS; PENSEZ A MOI.

JOLIES fleurs que la couleur veloutée de leurs pétales
supérieures et le jaune citron des trois autres rendent
fort distinguées.

La racine de la pensée est fibreuse ; elle pousse de petites
tiges longues de quatre à six pouces, diffuses, glabres,
rampantes, rameuses, portant des feuilles pétiolées, les
unes arrondies, les autres oblongues et dentelées autour.

PERVENCHE. — AMITIÉ INÉBRANLABLE.

CHARMANTE petite plante, portant des fleurs d'un beau
bleu d'azur. — Elle était la fleur favorite de J. J. Rous-
seau, qui lui a consacré un souvenir. — Il se promenait un
jour en compagnie de madame de Warens : celle-ci, ayant
aperçu une pervenche, la lui fit remarquer.

« Je n'avais jamais vu cette fleur, dit Jean-Jacques, je
ne me baissai pas pour l'examiner, je jetai un coup d'œil
en passant. Près de trente ans se sont écoulés sans que j'aie
jamais revu de la pervenche. En 1764, étant à Gressières
avec mon ami, M. Du Peyron, nous montions une petite
montagne, qu'il appelle avec raison le salon de Belle-Vue.
—Je commençais alors à herboriser. En montant, et regardant parmi les buissons, je pousse un cri de joie : Oh !
voilà de la pervenche !... et c'en était en effet. »

La pervenche était autrefois, et dans différents pays, l'emblème de la virginité.

PIED D'ALOUETTE. = LISEZ DANS MON CŒUR.

PLANTE originaire de la Suisse ; ses tiges, de deux pieds de hauteur, sont garnies de feuilles composées à découpures fines : ses fleurs forment un bel épi.

PISSENLIT = ORACLE.

L'ESPÈCE la plus commune, le *pissenlit dent-de-lion*, se trouve en abondance dans les prés et les lieux herbeux et incultes. Ses pousses se mangent en salade dans les premiers jours du printemps, ou cuites comme la chicorée.

Qui ne se rappelle les boules légères du pissenlit qui pousse dans les prés et que nous aimions à consulter quand nous étions enfants?... « Désire-t-on savoir si un ami absent s'occupe de nous comme nous nous occupons de lui, dit madame Delatour, on souffle sur ces aigrettes légères, et s'il en reste une seule, c'est une preuve qu'il ne nous oublie pas ; mais cette épreuve, il faut la faire avec précaution : on doit souffler bien doucement, car, à aucun âge, pas même à l'âge brillant des amours, il ne faut souffler trop fort sur les légères illusions de la vie. »

PIVOINE. = HONTE.

PLANTE à racines tubéreuses ; la pivoine, distinguée en pivoine mâle et pivoine femelle, est une plante herbacée dont on obtient par la culture plusieurs variétés à fleurs doubles, blanches, roses ou d'un rouge cramoisi.

La nymphe Péone, ayant porté atteinte à la pudeur, fut changée en pivoine. Elle a conservé la couleur que la honte avait empreinte sur son front.

PRIMEVÈRE. — PREMIÈRE JEUNESSE.

CETTE plante s'épanouit dès les premiers jours du printemps. — de là son nom de *primevère*.

« La *primevère* languissante, dit Shakespeare, qui ne voit jamais Phœbus dans toute sa force, pâle comme la jeune fille qui se consume dans l'attente d'un époux. »

> Dans les champs ranimés, j'ai vu la *primevère*
> Ouvrir les tendres fleurs de sa touffe légère.
>
> COMHAIRE.

> Amante des zéphirs, soudain la *primevère*
> Émaille le bord des ruisseaux.
>
> DE BRIDEL.

> Sur le gazon, la tendre primevère
> S'ouvre et jaunit dès le premier beau jour.
>
> PARNY.

> L'odorant *primevère* élève sur la plaine
> Ses grappes d'un or pâle, et sa tige incertaine.
>
> SAINT-LAMBERT.

> Quand on entend l'hirondelle,
> Avec le premier beau jour,
> Du printemps qui la rappelle
> Annoncer l'heureux retour;
> Tu fleuris, ô primevère!
> Au sein du naissant gazon,
> Et tu sers de messagère
> A la nouvelle saison.

QUINTEFEUILLE. — AMOUR MATERNEL.

PLANTE de la famille des rosacées ; elle est vivace et rampante, ses tiges sont longues de deux à trois pieds, ses fleurs paraissent en été ; elles sont jaunes, solitaires et assez grandes.

« La *Quintefeuille*, dit A. Martin, étend ses pétales d'or et en forme une petite tente pour se mettre à couvert de la pluie ; mais, après l'orage, elle replie ses voiles, **et** regarde **le ciel.** »

RENONCULE. — VOUS BRILLEZ DE MILLE ATTRAITS.

PLANTE vivace, haute de huit à dix pouces, terminée par une fleur simple ou double ; beaucoup de renoncules viennent sans culture dans les prés, les bois, les marais.

C'est Louis XI qui, dit-on, apporta le premier la renoncule en France.

RÉSÉDA. — VOS QUALITÉS SURPASSENT VOS CHARMES; MÉRITE MODESTE.

PLANTE herbacée, d'une odeur très-agréable, qui croit à la hauteur d'environ un pied, et dont les feuilles sont alternes, les fleurs irrégulières et d'un jaune verdâtre.

Le réséda a été apporté de Barbarie, il y a environ un siècle.

REVEIL-MATIN OU EUPHORBE. — AGITATION.

CETTE plante est peu variée dans les nuances de sa fleur ; on prétend qu'il suffit de s'en frotter les yeux, pour éprouver des démangeaisons qui empêchent de dormir. De là serait venu son nom.

ROMARIN. — VOTRE PRÉSENCE ME RANIME.

PETIT arbrisseau aromatique, sans rameau, d'un vert pâle, aux fleurs d'un gris bleuâtre, ou d'un bleu cendré.

L'Eau de la reine de Hongrie, excellente contre les maux de nerfs et les accidents spasmodiques, est composée avec le romarin. Don Quichotte s'en servit pour le baume de fier-à-bras. Dans les départements du Rhône et de Saône-et-Loire, cette plante sert à asperger les morts, et devient l'emblème du deuil et de la tristesse.

RONCE. — INJUSTICE; L'ENVIE S'ACCROCHE A TOUT.

ARBRISSEAU, hérissé d'aiguillons très-accrochants. Ses fleurs blanches et roses émaillent agréablement les haies vives. On compte aujourd'hui cent onze variétés de ronces.

La ronce, aux traits aigus, comme un garde fidèle,
Dans différents quartiers se porte en sentinelle,
Détourne, avec ses dards, l'approche du troupeau,
Et des arbres naissants protége le berceau.

CASTEL.

ROSE. = BEAUTE; AMOUR.

Lorsque Vénus, sortant du sein des mers,
Sourit aux dieux, charmés de sa présence,
Un nouveau jour éclaira l'univers :
Dans ce moment la *rose* prit naissance.

On compte aujourd'hui une innombrable quantité d'espèces de roses, dont les principales sont les roses mousseuse, blanche, de Provins, capucine, musquée, du Bengale, pompon, trémière, etc.

La rose a été chantée à toutes les époques, et dans tous les pays ; on l'a consacrée généralement à Vénus, et elle est devenue l'emblème de l'amour et de la beauté.

Mais qui peut refuser un hommage à la *rose?*
La *rose* dont Vénus compose ses bosquets,
Le printemps sa guirlande, et l'amour ses bouquets ;
Qu'Anacréon chanta ; qui formait avec grâce,
Dans les jours de festins, la couronne d'Horace.

DELILLE.

Quand l'haleine des doux zéphirs,
Et la verdure renaissante
Annoncent la saison charmante
Et de l'amour et des plaisirs,
Vainement mille fleurs écloses
Appellent la main des amants
On ne croit revoir le printemps
Qu'en voyant renaître les *roses.*

Parmi les filles du matin,
C'est la rose qu'amour préfère :

Vénus, aux fêtes de Cythère
En pare sa tête et son sein.
Sur sa corolle demi-close
Zéphir se plaît à voltiger :
Le papillon le plus léger
Se fixe en voyant une *rose*.

ROGER.

De Cythère elle est la fleur chérie,
Et de Paphos elle orne les bosquets.
Sa douce odeur aux célestes banquets
Fait oublier celle de l'ambroisie :
Son vermillon doit parer la beauté,
C'est le seul fard que met la volupté.
A cette bouche, où le sourire joue,
Son coloris prête un charme divin ;
Elle se mêle au lis d'un joli sein ;
De la pudeur elle couvre la joue
Et de l'aurore elle embellit la main.

PARNY.

Les factions d'York et de Lancastre, en Angleterre, sont connues sous les noms de *Rose blanche* et *Rose rouge*.

ROSE MOUSSEUSE. — VOLUPTÉ.

Tout le monde connaît cette charmante variété que l'on cultive en Provence, depuis près d'un siècle. On en a fait le symbole de la volupté, parce qu'elle est sans épine et que ses aiguillons ne sont pas piquants. C'est madame de Genlis qui, la première, l'apporta d'Angleterre en France.

Quintefeuille, Réséda, Rose blanche
Rose Paysanne.

ROSE BLANCHE. — CANDEUR.

ARBRISSEAU de six ou sept pieds, donnant des fleurs blanches, simples ou doubles, selon la variété.

Dans les champs où fut Sparte, entre les murs d'Athène.
Aux poétiques bords d'Argos et de Mycène,
Une rose odorante étale sa blancheur
Et sur leurs grands débris laisse courir sa fleur.

CASTEL.

ROSE DE PROVINS. — AMOUR DE LA PATRIE.

BELLE plante d'un rouge vif, pourpré, ponceau, bordée, panachée, veloutée, etc., selon les variétés.

ROSE MUSQUÉE. — AFFECTATION.

PLANTE originaire d'Orient. Sa fleur blanche répand une douce odeur de musc. C'est avec les feuilles de la rose musquée, que les Orientaux composent leur essence de rose.

ROSE POMPON. — GRACE ENFANTINE.

LA rose pompon est des plus jolies espèces, mais c'est d'elle surtout que l'on peut dire avec Malherbe :

Et rose, elle a vécu ce que vivent les roses,
L'espace d'un matin.

ROSE TRÉMIÈRE. — FÉCONDITÉ.

PLANTE originaire de Syrie. Feuilles larges et arrondies; tiges de sept à neuf pieds ; fleurs nombreuses de juillet en septembre.

On a fait de cette fleur le symbole de la fécondité, à cause du grand nombre de fleurs blanches, roses, rouges, dont elle pare sa haute tige.

ROSEAU AQUATIQUE. — INDISCRÉTION; MUSIQUE.

C'EST avec le roseau que le dieu Pan forma sa première flûte (*flûte de Pan*).

« Le satyre Marsias osa un jour défier Apollon à qui chanterait le mieux. Ils choisirent pour juge Midas, roi de Phrygie et fils de Gordius, homme de mauvais goût qui accorda le prix à Marsias. Le dieu de la poésie, outré de la stupidité de ce jugement, fit pousser à Midas des oreilles d'âne, que celui-ci s'efforça de cacher sous un ample bonnet. Son barbier s'en aperçut en le rasant, mais il n'osa le dire à personne dans la crainte d'un sévère châtiment. Indiscret comme un barbier, ce secret l'étouffait: pour s'en débarrasser il creusa un trou dans la terre, le lui confia, le recouvrit et s'en fut, bien sûr, croyait-il, que la terre ne commettrait point d'indiscrétion. Or il arriva qu'il crût à cette place une touffe de roseaux, et, chaque fois que le vent se jouait dans leur feuillage ils faisaient entendre ces mots : « Le roi Midas « a des oreilles d'âne. »

Mme LENEVEUX.

RUE. = BONHEUR DES CHAMPS.

PLANTE à feuilles alternes, pétiolées, à folioles ovales et d'un vert glauque. La rue est, comme le lichen, un de ces végétaux de la fécondation desquels les mystères n'ont point encore été révélés.

On assure que l'herbe *moly*, donnée à Ulysse par Mercure pour le soustraire aux enchantements de Circée, n'était autre chose que la rue.

SAFRAN. — USEZ, N'ABUSEZ PAS.

PLANTE bulbeuse, qui fleurit au commencement de l'automne, et qui porte une fleur bleue mêlee de rouge et de purpurin, du milieu de laquelle sort une houppe partagée en trois filets, que l'on recueille, que l'on fait sécher, et qu'on emploie à une multitude d'usages en médecine, en teinture, et même dans la cuisine,

Prise en infusion, elle donne de la gaieté, mais elle deviendrait dangereuse à qui en abuserait.

SAINFOIN. — AGITATION; MON CŒUR S'ÉMEUT EN VOUS VOYANT.

PLANTE vivace, de la famille des légumineuses, dont une espèce, nommée *Esparcette*, est employée à former des prairies artificielles; elle est originaire du Bengale.

Les folioles latérales du sainfoin sont toujours en mouvement, portées alternativement vers le haut et vers le bas.

SAUGE. — ESTIME.

PLANTE aromatique, dont l'odeur est agréable et pénétrante. Ses fleurs sont labiées et verticillées, ses feuilles ridées et un peu épaisses. Les Chinois sont très-friands de cette plante.

Les anciens disaient : « Il a tort de mourir, celui qui a de la sauge dans son jardin. »

SCABIEUSE. — ABANDON.

LA scabieuse a été surnommée la *Fleur des veuves*. La fleur forme une tête ronde à l'extrémité d'une longue tige mince ; sa couleur est d'un violet très-prononcé. On la dit originaire de l'Inde.

SCEAU DE SALOMON. — DISCRÉTION.

ESPÈCE de muguet qui croît sur les montagnes et les collines, et dont les feuilles ont quelque ressemblance avec celles du laurier. Les fleurs blanches de cette plante sont pendantes et souvent solitaires.

SENSITIVE. — PUDEUR.

PLANTE originaire de l'Amérique, ainsi nommée parce que, dès qu'on la touche, ses feuilles se replient.

« Une de nos reines, raconte madame Leneveux, se promenait un jour, entourée de ses demoiselles d'honneur, dans les serres d'un jardin royal. Elle vit une sensitive, plante alors fort rare en France : « Mesdemoiselles, dit-elle, ce « petit arbuste a une singulière propriété : sa pudeur est « telle, qu'il se flétrit si une femme qui s'est familiarisée « avec un homme le touche seulement du bout du doigt. « Pour vous en donner une preuve, je vais l'approcher et le « faire faner en ma qualité de femme mariée; puis, vous « ferez l'expérience après moi. » A ces mots, les demoiselles de rire comme des folles. Mais, quand elles virent les feuilles de la plante frémir, s'agiter, se fermer et se pencher sur la tige, les ris cessèrent pour faire place à l'inquiétude ; la pâleur succéda aux roses de leurs joues, et toutes aimèrent mieux s'enfuir, au risque de déplaire à leur reine, que de tenter une aventure qui sans doute leur paraissait périlleuse. »

Une plante, ô prodige ! à l'éclat de ses charmes
Unit de la pudeur les timides alarmes ;
Si d'un doigt indiscret vous osez la toucher,
Tout s'agite ; la feuille est prompte à se cacher,
Et la branche mobile, aux mêmes lois fidèle,
S'incline vers la tige et se range auprès d'elle.

CASTEL.

SERINGA. — AMOUR FRATERNEL.

ARBRISSEAU de la famille des myrtes, qui porte, au printemps, des fleurs blanches d'une odeur douce et pénétrante.

Linnée compare à des frères les étamines réunies à leur base.

SOLEIL. — ADORATION.

GRANDE et belle plante, originaire du Pérou, et consacrée au Soleil. Avant la conquête du Pérou par les Espagnols, les vierges sacrées qui desservaient le temple de ce dieu s'en couronnaient les jours de fête.

SOUCI. — INQUIÉTUDE.

FLEUR jaune, radiée, qui a une odeur forte, et qui vient en automne.

Veuve de son amant, quand jadis Cythérée
Mêla ses pleurs au sang de son cher Adonis,
Du sang naquit, dit-on, l'anémone pourprée ;
    Des pleurs naquirent les soucis.

C. DUBOS.

Tu vois l'ami de Flore, errant dans un parterre.
Toujours auprès de toi passer avec dédain,
Et la beauté jamais de ta fleur solitaire
    N'a paré sa tête ou son sein.

Semblable au pur métal que sa couleur rappelle,
Sa fleur n'a comme lui qu'un éclat imposteur,
Elle infecte la main qui veut s'emparer d'elle,
    Ainsi que l'or corrompt le cœur.

C. DUBOS.

TAMINIER. — J'IMPLORE VOTRE APPUI.

P LANTE originaire de Barbarie, qui croît dans les bois et dans les haies. Les Orientaux mangent ses jeunes pousses en salade. — Sa racine est purgative.

THYM. — ÉMOTION SPONTANÉE.

P LANTE dont l'odeur aromatique passe pour très-agréable. Elle est très-commune sur les collines exposées au soleil. Au moyen âge, les belles châtelaines brodaient sur les écharpes qu'elles destinaient à leurs amants, des abeilles voltigeant autour d'une branche de thym.

> Et les zéphirs légers, voltigeant sur le *thym*,
> Nous rapportent, le soir, les parfums du matin.
>
> LEMIERRE.

Soucis, Tulipe, Tubéreuse Thym.

TRÈFLE. — INCERTITUDE.

Plante qui vient naturellement dans les prés, et dont les feuilles, de forme ronde, sont attachées, trois à trois, à une même queue. On en connaît cent quarante espèces.

TROÈNE. — JEUNESSE.

Arbuste qui ressemble au lilas, très-rameux et à fleurs blanches. On s'en sert pour former des haies odorantes.

TUBÉREUSE. — VOLUPTÉ.

La tubéreuse a été apportée de Perse, en 1632. — L'odeur en est très-forte et peut même causer l'asphyxie. C'est une belle plante bulbeuse, à tige de quatre à cinq pieds, à feuilles étroites, longues, canaliculées, et d'un vert gris. Les parfumeurs emploient son huile essentielle pour la pommade et les eaux de senteur.

> La *tubéreuse* et l'anémone
> Entourent ses bords séduisants.
>
> DE BERNIS.

Le même poëte dépeint ainsi l'émotion d'une jeune fille nivrée par le parfum de la tubéreuse.

> Dans ses bras amoureux l'imprudente la presse,
> Quand, tout à coup, saisis d'une douce langueur,
> Ses bras sont accablés sous le poids du bonheur ;
> A ce trouble inconnu, la jeunesse alarmée
> Veut éviter les traits du dieu qui l'a charmée ;
> Mais, hélas ! ses combats se changent en plaisirs,

Ses craintes en espoir, ses remords en désirs !
Confuse, elle retombe au milieu de ses chaînes :
Un charme involontaire accompagne ses peines ;
Elle voudrait haïr, elle ne peut qu'aimer :
Son cœur cherche le calme et se laisse enflammer.
C'est alors qu'à ses yeux se découvre l'abîme ;
Mais un chemin de fleurs la conduit jusqu'au crime.

TULIPE. — GRANDEUR; MAGNIFICENCE.

CE fut vers le milieu du seizième siècle que Gessner la
vit pour la première fois à Augsbourg, dans le jardin
d'un amateur qui l'avait reçue de Constantinople, et ce
n'est qu'au commencement du dix-huitième siècle qu'elle
fut introduite en France. Dans le siècle dernier, l'amour
des tulipes était une manie, une espèce de furie. Il n'était
pas rare de voir des familles ruinées par la passion d'un
père pour cette fleur. A Lille, dit M. Bescherelle aîné,
toute une brasserie, qui porte encore le nom de *brasserie
de la tulipe*, fut troquée pour un de ces précieux oignons.

Madame de Genlis parle ainsi du tulipier, le plus beau
de France et peut-être de l'Europe :

« Son petit jardin était fameux par un arbre superbe,
inconnu alors en Asie : c'était un tulipier de soixante-dix
pieds de haut, et qui, dans le temps de la floraison, se cou-
vrait de plus de deux mille tulipes d'une beauté merveil-
leuse. Le propriétaire avait fait pratiquer autour de cet
arbre éblouissant un escalier circulaire qui s'élevait jusqu'à
la hauteur de trente pieds ; là se trouvait un repos, un
espèce de nid posé solidement sur deux grosses branches
qui lui servaient de charpente. Ce nid était assez grand
pour contenir en même temps trois ou quatre personnes ;

et rien n'était plus singulier que de se voir, dans le mois de juillet, placé au milieu de cet arbre, dont chaque rameau, chaque extrémité de branche, présentaient une superbe tulipe ; on en était entouré, couronné ; on en voyait de tout côtés et sous tous les aspects. Au sein de ce réduit mystérieux, parfumé des plus douces odeurs, un poëte aurait pu se croire dans le bosquet chéri de Flore. »

« C'est parmi les Turcs, dit un autre auteur, la marque de la plus haute estime que d'envoyer une tulipe en présent. Cette fleur y partage en quelque sorte les honneurs de la divinité. C'est au mois d'avril que se célèbre la fête des tulipes. On construit dans la cour du sérail des galeries en bois, et l'on dresse des bancs sur lesquels on range en amphithéâtre une quantité prodigieuse de carafes garnies de tulipes. Ces vases sont entremêlés de flambeaux, et les bancs les plus élevés sont réservés aux serins du Grand-Seigneur, enfermés dans de magnifiques cages, et à des globes de verre remplis de liqueurs de différentes couleurs. — Au centre du sérail est le pavillon du sultan, devant lequel sont étalés les présents que les seigneurs de la cour destinent à Sa Hautesse. Les femmes du sultan se regardent parmi les fleurs, en sorte que, pendant le reste de la journée, la nature et l'art semblent se réunir pour briller aux yeux du Grand-Seigneur.— *Tel est le besoin de céder aux Grâces.* — Le despote lui-même, ajoute l'auteur, le despote qui traite la beauté en esclave, sent qu'il lui faut honorer une simple fleur. »

La tulipe s'élève : un port majestueux,
Un éclat qui du jour reproduit tous les feux,
Dans les murs byzantins méritent qu'on l'adore,
Et lui font pardonner son calice incolore.

ROUCHER.

7

A cette heure douteuse où l'ombre plus tardive
Fuit du jour qui s'éteint la clarté fugitive,
La nymphe loin de Flore, hélas! loin pour jamais,
Des champs et de son cœur goûtant l'heureuse paix,
Sous l'odorant feuillage où chantait Philomèle,
Savourait du repos la douceur infidèle.
Zéphire l'aperçoit, et, d'un souffle enflammé,
Caresse des attraits dont son œil est charmé.
La fille de Protée, à cette douce haleine,
Entr'ouvre avec lenteur sa paupière incertaine,
Et ne voit pas encore, dans son enchantement,
Que ce bruit de Zéphir est la voix d'un amant.
Mais bientôt, à l'aspect du jeune époux de Flore.
Déesse, à tes bienfaits si j'ai des droits encore,
Dit-elle, contre un dieu qui trompe tes amours,
« J'implore ta vengeance, ou du moins ton secours. »
Tout à coup, ô prodige! une forme étrangère
La dérobe aux transports d'un désir adultère.
Son beau corps dont Zéphir presse en vain les appas,
En tige souple et frêle échappe de ses bras ;
Ses cheveux, qui tombaient en boucles agitées,
S'élevant sur son front en feuilles veloutées,
L'entourent d'un calice ; un doux balancement
Semble prouver encore qu'elle craint son amant.
Le dieu veut, en parfums, respirer son haleine ;
Ce baume de l'amour adoucirait sa peine :
Nul parfum ne s'exhale ! et ce dernier désir
Prive la fleur d'un charme, et l'homme d'un plaisir.
Mais la nymphe, héritant du secret de son père,
De cet art protecteur se fait un art de plaire,
Et, trompant le regard par sa variété,
De changeantes couleurs enrichit sa beauté.
Tu vois errer Zéphir, mais il ne cherche qu'elle,
Et, s'il paraît volage, il n'est plus infidèle.

BOISJOLIN.

URTICA-ORTIE. = CRUAUTÉ.

On connaît la douleur que cause la piqûre de l'ortie ; on ignore généralement l'utilité de cette plante, qui croît spontanément, sous presque toutes les latitudes, le long des murs, des haies et parmi les décombres. Ses fibres offrent assez de consistance pour que, dans certains pays de l'Europe, on en fabrique des toiles, des cordages, du papier même. Elle renouvelle l'air pur ; les oiseaux mangent ses graines ; quand elle se fane, on la donne en pâture aux vaches ; elle fournit une teinture jaune, et sous mille formes elle offre des propriétés médicinales.

VALERIANE. = FACILITÉ.

PLANTE herbacée, croissant naturellement en France. Elle
se couvre, en juin et en octobre, de fleurs nombreuses,
éperonnées, en panicule, rouges, pourpres, blanches ou lilas.
Sa racine a une saveur âcre et un peu amère, son odeur
est nauséabonde. On en compte soixante-dix espèces.

VÉRONIQUE. = JE VOUS OFFRE MON CŒUR.

JOLIE petite plante, commune dans les pâturages sablon-
neux. Ses feuilles sont alternes, ovales, doublement dentelées, pubescentes en dessous ; ses fleurs sont bleues.

VERVEINE. = AFFECTION PURE.

PETITE plante à fleurs bleues qui croît dans les buissons
et dans les haies. Chez les Romains et les Gaulois, c'était

Valeriane, Verveine, Violettes.
Ortica (Hortie)

une plante sacrée dans les cérémonies religieuses. « Dans quelques cantons de l'Allemagne, on couronne encore les jeunes mariées avec cette plante, sans doute en mémoire de Vénus et pour les mettre sous la protection de cette déesse. »

VIGNE. — IVRESSE.

L'ORIGINE de la culture de la vigne se perd dans la nuit des temps. Cette plante aurait été importée en Europe par les Phéniciens; toutefois, sous Numa, à peine la cultivait-on. Domitien ordonna même que les vignes fussent détruites dans toute l'étendue de l'empire : il paraîtrait que ce singulier législateur n'était pas ami de la *dive bouteille*, comme parle Rabelais.

La vigne, en revanche, a été de tout temps célébrée par les poëtes.

> La *vigne* quelquefois, honneur de vos jardins,
> S'y montre avec la pourpre ou l'or de ses raisins.
>
> ROSSET.

> . . . Sur le sommet des coteaux lumineux,
> La *vigne* de son pampre entrelace les nœuds.
>
> BAOUR-LORMIAN.

VIOLETTE. — MODESTIE.

PLANTE printanière, d'une odeur agréable, d'une couleur mêlée de rouge et de bleu foncé.

Tous les poëtes et les grands prosateurs ont aimé et chanté la violette.

« Je respirais le suave parfum des violettes sauvages qui,

au premier jour tiède qui se présente, au premier rayon de
soleil pâle qui les convie, ouvrent leurs calices d'azur sur la
mousse desséchée. »

G. SAND.

L'obscure *violette*, amante des gazons,
Aux pleurs de leur rosée entremêlant ses dons,
Semble vouloir cacher sous leurs voiles propices
D'un pudique parfum les discrètes délices,
Pur emblème d'un cœur qui répand en secret,
Sur le malheur timide un modeste bienfait.

BOISJOLIN.

. . . .
Vous vous cachez, timide violette,
Mais c'est en vain, le doigt sait vous trouver;
Il vous arrache à l'obscure retraite
Qui recélait vos appas inconnus;
Et destinée au boudoir de Cythère,
Vous renaissez sur un trône de verre,
Ou vous mourez sur le sein de Vénus.

PARNY.

Sans faste et sans admirateur
Tu vis obscure, abandonnée
Et l'œil cherche encore ta fleur
Quand l'odorat l'a devinée.
Sous les pieds ingrats du passant
Souvent tu péris sans défense;
Ainsi, sous les coups du méchant
Meurt quelquefois l'humble innocence.

Viens prendre place en nos jardins,
Quitte ce séjour solitaire,

Je te promets, tous les matins,
Une eau limpide et salutaire.
Que dis-je? Non, dans ces bosquets
Reste, ô violette chérie!...
Heureux qui répand des bienfaits,
Et, comme toi, cache sa vie!

C. DUBOS.

XANTORRHÉE. — UTILITÉ.

PLANTE de la Nouvelle-Hollande, appartenant à la famille des aspholèdes. C'est de la xantorrhée arborescente que découle la résine avec laquelle les habitants de la Nouvelle-Hollande fixent la pointe de leurs zagaies et les manches de leurs haches de pierre. Ils s'en servent encore, dit-on, pour calfeutrer leurs pirogues. Les épis de la xantorrhée contiennent une liqueur visqueuse que les naturels du pays trouvent très-agréable.

Volubilis, Yuca, Zéphiraute.

YUCA. ═ GRANDEUR; ÉLÉVATION.

PLANTE de la famille des liliacées, qui a l'aspect de l'aloès et qui porte une touffe de belles fleurs blanches. Au Mexique, le yuca acquiert ordinairement des proportions gigantesques

ZALIA. — ISOLEMENT.

ARBUSTE à feuilles simples et alternes, à fleurs bleues ou blanches. — Son fruit a la forme d'une baie à trois loges.

ZÉPHYRAUTE. — AMOUR DU CHANGEMENT.

PLANTE bulbeuse, originaire de la Havane. Du milieu d'une touffe de feuilles linéaires s'élève, en septembre, une hampe de six à dix pouces, terminée par une seule fleur rose, à fond verdâtre. Ce n'est qu'en 1830, dans les jardins de Neuilly, que le zéphyraute fut cultivé pour la première fois.

NOMENCLATURE DES FLEURS

AVEC LEURS SYMBOLES

A

Absinthe ou Citronnelle. . tourments d'amour.
Acacia. . . . . affection pure.
Acanthe. . . . . culte des beaux-arts.
Aconit. . . . . amour criminel, remords.
Adonine d'été. . . . . . souvenir mêlé de tendresse et de
                       douleur.
Adoxa musqué. . . . . . faiblesse.
Agavé.. . . . . circonspection.
Aloès bec de perroquet. . . trouble, confusion.
Amaranthe.. . . . . . . fidélité, constance.
Amaryllis. . . . . je brille.
Ananas. . . . . perfection.
Ancolie. . . . . folie.
Anémone. . . . . amour trahi, abandon.
Angélique. . . . . mélancolie, tristesse vague.
Anthémis. . . . . obstacles, contre-temps.
Arrête-Bœuf ou Bugrane. . entraves.
Aristoloche.. . . . . . . tyrannie.
Argentine. . . . . candeur, naïveté.

Arum Gobe-Mouche. . . .   prenez garde, piége.
Arum feuille en cœur. . .   ardeur.
Asphodèle. . . . . . .   amour perdu, regrets ineffaçables
Aster. . . . .   éloquence.
Aubépine. . . . . . .   espoir.

B

Baguenaudier. . . . . . .   prodigalité.
Balsamine. . . . .   ne me touchez pas, impatience.
Barbe de Jupiter. . . . .   force, puissance
Bardane. . . . .   importunité.
Basilic. . . . .   pauvreté.
Belle-de-jour. . . . . . .   coquetterie.
Belle-de-nuit. . . . . . .   amour craintif, timidité.
Bétoine. . . . .   émotion, surprise, agitation.
Blé. . . . .   opulence.
Blé de Turquie ou Maïs. . .   abondance.
Bluet. . . . .   éclat.
Bouillon blanc ou Molène. .   bon caractère.
Boule de neige ou Viorne. .   refroidissement.
Bourrache. . . . . . .   fermeté, énergie.
Bouton d'or. . . . . . .   moquerie.
Brise tremblante. . . . .   galanterie, coquetterie, frivolité.
Buglosse. . . . .   mensonge.
Buis. . . . .   stoïcisme, fermeté.

C

Cactus. . . . .   bizarrerie.
Camara piquant. . . . . .   rigueurs.
Camélia. . . . .   constance, durée.

Camomille romaine. . . . . soumission, service.
Campanule. . . . . flatterie.
Capucine. . . . . flamme d'amour.
Centaurée musquée. . . . message d'amour.
Champignon. . . . . . . défiance.
Chélidoine. . . . . sollicitude, attentions maternelles.
Chèvrefeuille. . . . . . . liens d'amour.
Chiendent. . . . . entêtement, persévérance.
Ciguë. . . . . perfidie.
Circée. . . . . magie, sorcellerie, enchantement.
Ciste. . . . . jalousie.
Clématite bleue. . . . . . attachement, liens.
Colchique. . . . . mauvais naturel.
Consoude. . . . . bonté, bienfaisance.
Coquelicot. . . . . repos.
Coquelourde. . . . . . . modestie.
Corbeille d'or. . . . . . . calme du cœur, tranquillité.
Coriandre. . . . . talent incompris.
Coronille. . . . . pureté ingénue.
Couronne impériale. . . . dignité fière.
Crête de Coq. . . . . . . perversité.
Cupidone. . . . . source d'amour.
Cynoglosse. . . . . . . amitié sans seconde.
Cyprès. . . . . deuil, douleur, regrets.
Cytise. . . . . dissimulation.

D

Dahlia. . . . . abondance stérile.
Digitale. . . . . travail.
Dipsacus. . . . . soif.

E

Églantier. . . . . vous parlez bien.
Ellébore. . . . . bel esprit.
Éphémérine de Virginie . bonheur fugitif.
Épine noire. . . . . . . obstacles, difficulté.
Épine-Vinette.. . . . . . aigreur.

F

Fenouil ou Ameth. . . . . mérite.
Fougère. . . . . ayez confiance en moi, ou : j'ai
confiance en vous.
Foulsapate. . . . . amour dédaigné.
Fraisier. . . . . ivresse, délices.
Framboisier. . . . . . . doux langage.
Fraxinelle ou Dictame. . . vous m'enflammez
Fuchsia. . . . . amabilité.
Fumeterre commune. . . . fiel, envie.
Fusain. . . . . votre image est gravée dans mon
cœur.

G

Gatilier ou Agnus-Cactus. . pureté, chasteté.
Genêt d'Espagne. . . . . simplicité, vertus domestiques.
Genévrier. . . . . consolation.
Gentiane jaune. . . . . . mépris, dédain.
Géranium écarlate. . . . . sottise, bêtise

Géranium terne. . . . . . . tristesse, mélancolie.
Gerbe d'or. . . . . avarice.
Giroflée. . . . . élegance, luxe.
Giroselle. . . . . agréez mes hommages.
Glaïeul. . . . . indifférence.
Gratiole ou Herbe au pauvre
    homme. . . . . humanité.
Grenadier. . . . . union de deux cœurs, bonne in-
                     telligence.
Grenadille bleue. . . . . . foi.
Groseillier. . . . . vous êtes mon bonheur.
Gui. . . . . liaison dangereuse.
Guimauve. . . . . douceur.

H

Helenie. . . . . larmes.
Hellébore. . . . . *Voyez* Ellébore.
Héliotrope. . . . . amour éternel.
Hémérocale rouge. . . . . plaisir renaissant.
Hièble ou Sureau. . . . . humilité.
Houblon. . . . . insensibilité, apathie.
Houx. . . . . défense.
Hortensia ou Rose du Japon. froideur, beauté froide.

I

If. . . . . affliction.
Immortelle. . . . . constance.
Ipoméa. . . . . témoignage d'affection, caresses.
Iris de Perse. . . . . . réjouissez-vous, bonnes nouvelles.

Ivraie ou Zizanie. . . . . vices.
Ixia.. . . . . inquiétudes, tourments.

J

Jacinthe. . . . . douceur mêlée de politesse et
        grâce.
Jasmin blanc. . . . . . . amabilité.
Jasmin jonquille. . . . . penchant, sympathie.
Jolibois. . . . . gentillesse.
Jonc des champs. . . . . soumission, docilité.
Jonquille.. . . . . je languis d'amour.
Joubarbe des toits. . . . . bienfaisance voilée, discrète.
Jujubier. . . . . soulagement.

K

Kedsoura. . . . . frugalité.
Kedmie. . . . . vous êtes jolie.

L

Lauréole ou Bois-gentil. . . feinte, dissimulation.
Laurier franc. . . . . . . triomphe, gloire.
Laurier-rose. . . . . . . attrait, séduction.
Lavande ou Aspic. . . . . silence.
Lierre. . . . . attachement, amitié éprouvée.
Lilas. . . . . premier trouble d'amour.
Lilas blanc. . . . . jeunesse.
Lis blanc. . . . . majesté, pureté.
Lis jaune. . . . . vanité, ostentation.

Liseron. . . . . faiblesse.
Lobélie du cardinal. . . . amour du prochain.
Lunaire (grand) ou Monnaie
  du pape. . . . . mauvais débiteur.
Luzerne. . . . . éloge de la vertu.
Lychnise des champs. . . . sympathie irrésistible.

M

Marguerite. . . . . candeur, innocence.
Marjolaine vulgaire. . . . consolation.
Mauve. . . . . tendresse maternelle.
Mélianthe. . . . . charité envers un étranger, hospi-
                talité.
Mélisse officinale. . . . . soins affectueux, bons offices.
Menthe. . . . . sagesse, vertu.
Millefeuille ou Achillée. . . santé, guérison.
Millepertuis. . . . . oubli des tourments de la vie.
Mogori. . . . . ornement, parure.
Momordique piquant. . . . fureur, violence, colère.
Morelle Cerisette. . . . . beauté sans bonté.
Morelle douce-amère ou
  Vigne vierge. . . . . . sincérité.
Muguet. . . . . retour du bonheur.
Myosotis. . . . . souvenez-vous de moi, ne m'ou-
               bliez pas.
Myrte. . . . . amour.

N

Narcisse. . . . . amour-propre, vanité, fatuité.
Nénufar. . . . . impuissance, froideur.
Nicotiane. . . . . difficulté vaincue.

Nigelle des blés. . . . . . complaisance.
Nigelle ou Cheveux de Vénus. liens d'amour.

O

OEillet. . . . . amour vif et pur.
OEillet blanc. . . . . . fidélité.
OEillet de poëte. . . . . . talent, supériorité.
OEillet d'Inde. . . . . . maturité anticipée.
OEillet jaune. . . . . . . dédain.
OEillet musqué. . . . . . souvenir fugitif, qui a fui sans lais-
                       ser de trace.
OEillet panaché . . . . . vertu inflexible.
OEillet ponceau. . . . . . frayeur, effroi.
Olivier. . . . . paix.
Onagre, ou fleurs du grand fierté prodigue, ou encore : sotte
  seigneur. . . . . fierté.
Oranger. . . . . virginité, générosité.
Oreille d'ours. . . . . . amour du changement.
Orobe printanier. . . . . besoin d'aimer.
Ophrise araignée. . . . . habileté, adresse.
Ophrise mouche. .   . . erreur.

P

Palmier. . . . . victoire, constance.
Pariétaire. . . . . chagrin, misanthropie.
Pavot. . . . . repos, sommeil.
Pêcher. . . . . bonheur d'aimer.
Pensée. . . . . souvenir d'amour.
Perce-neige ou Galantine. . heureux augure.
Pervenche. . . . . amitié inébranlable.

Phytolaca. . . . . avis salutaire.
Pied-d'alouette. . . . . . mon cœur vous est ouvert, lisez
                               dans mon cœur.
Pissenlit. . . . . légèreté, vivacité, étourderie.
Pivoine. . . . . honte.
Pois de senteur. . . . . . délicatesse.
Primevère. . . . . affection tendre et sincère.

Q

Queue de cheval. . . . . fécondité.
Quintefeuille. . . . . . . amour maternel.

R

Rose. . . . . beauté.
— à cent feuilles. . . . plaisir.
— blanche. . . . . . . innocence, candeur.
— capucine. . . . . . . caprice, fantaisie.
— de Provins. . . . . . patriotisme.
— de tous les mois.. . . éclat passager.
— du Bengale. . . . . . beauté étrangère.
— jaune. . . . . amour conjugal.
— mousseuse. . . . . . extase voluptueuse.
— musquée.. . . . . . manque de naturel.
— pompon. . . . . . . grâce naïve.
— trémière. . . . . . . beauté noble.
Reine des prés. . . . . . vous régnez sur mon cœur.
Renoncule. . . . . vous brillez de mille attraits.
Réséda. . . . . vos qualités égalent vos charmes.
Réveille-matin. . . . . . boutade, brusquerie.
Romarin. . . . . votre présence me rend à la vie.

Ronce. . . . . injustice, envie.
Roseau aquatique. . . . . indiscrétion.
Rue. . . . . bonheur domestique.

S

Safran. . . . . soyez sage, réservé ; usez, n'abu-
         sez pas.
Sainfoin. . . . . soyez prudent dans le choix de vos
         amis.
Salicaire à épis. . . . . reproche.
Saponaire. . . . . vous excellez en tout.
Sauge. . . . . considération, estime.
Saxifrage. . . . . . . amitié.
Scabieuse. . . . . . . fleur des veuves, tristesse, deuil.
Sceau de Salomon. . . . discrétion.
Sensitive. . . . . pudeur.
Soleil, Hélianthe. . . . . courtisanerie, flatterie.
Sorbier domestique. . . . circonspection, prudence.
Souci. . . . . sourde inquiétude, jalousie.
Stramoine ou Datura. . . . dissimulation, déguisement.
Syringa. . . . . amour fraternel.

T

Taminier. . . . . j'implore votre appui.
Thym, Serpolet. . . . . . émotion spontanée.
Trèfle. . . . . incertitude.
Troëne. . . . . jeunesse.
Tubéreuse. . . . . . . volupté.
Tulipe. . . . . grandeur, magnificence.

U

Urtica . . . . cruauté, rigueur.

V

Valériane. . . . . facilité.
Velar. . . . . hommage d'amour.
Verge d'or. . . . . protégez-moi.
Véronique. . . . . je vous offre mon cœur.
Verveine. . . . . sentiment pur.
Vigne. . . . . ivresse.
Violette. . . . . modestie.
Vipérine. . . . . vos regards ont enflammé mon
                        cœur.
Volubilis. . . . . comptez sur mon dévouement.

X

Xanthorée. . . . . utilité.

Y

Yuca. . . . . grandeur.

Z

Zalica. . . . . isolement.
Zéphiraute. . . . . . . variation, amour du changement,
inconstance.

PROPRIÉTÉS DES COULEURS

LE *rouge* est l'emblème de la grandeur, de l'opulence, du courage, d'une bonne santé, de la colère, de la violence.

L'*orangé* veut dire contentement, satisfaction, repos de l'âme, sentiment de tout ce qui est beau et grand, bon goût, dignité, respect de soi-même.

Le *jaune* signifie faiblesse, tranquillité, goûts modestes, vertus domestiques, mauvaise santé.

Le *vert* est le signe du plaisir, de l'espérance ; retour au bonheur, à la santé ; changement heureux dans une position ; vieillesse exempte des infirmités ordinaires.

Le *bleu* caractérise un homme turbulent, vantard, léger, menteur, égoïste, disposé à tout pour s'enrichir.

Le *violet* est l'emblème de la candeur, de l'innocence, de la naïveté, de la modestie, de l'humilité, de la timidité, de la bonté.

L'*indigo* veut dire virginité, pudeur, culte des arts, science, humanité, discrétion, charité.

Le *noir*, deuil, tristesse, catastrophe, malheur, mort, maladie.

Le *blanc*, sérénité, candeur, calme de l'âme, probité, honnêteté.

HORLOGE DE FLORE

LES anciens savaient, nous assure-t-on, marquer les heures à l'aide des fleurs.

1 heure. — Un bouquet de roses épanouies.
2 heures. — Un bouquet d'héliotrope.
3 heures. — Un bouquet de roses blanches.
4 heures. — Un bouquet d'hyacinthe.
5 heures. — Une branche de citronnier.
6 heures. — Un bouquet de lotus.
7 heures. — Un bouquet de lupins.
8 heures. — Un bouquet de fleurs d'oranger.
9 heures. — Une branche d'olivier.
10 heures. — Une branche de peuplier.
11 heures. — Un bouquet de souci.
12 heures. — Un bouquet de pensées.

LA CRÉATION DES FLEURS

Bientôt les Dieux se mettent à l'ouvrage,
Et leurs moitiés partagent leurs travaux.
Ils vont créer. Homme, rends-leur hommage,
Sur toi leurs mains versent des dons nouveaux.

De Jupiter d'abord brille l'adresse.
Fier de sa force, il dit : Que le lis naisse :
Et sur-le-champ il s'élève une fleur
Majestueuse, odorante, argentée.
L'Olympe entier admire sa blancheur,
Sa tige altière et sa magique odeur.
Superbe lis, fleur à bon droit vantée,
Garde longtemps ta première splendeur;
La France un jour te devra le bonheur.
Que l'aquilon respecte ta candeur !

Un second mot enfanta la pensée.
Les trois couleurs qui brillent en son sein,
Son air décent, et délicat et fin,
Tout plaît en elle à la cour empressée
De remarquer ces contrastes heureux,
Dignes du goût du monarque des cieux.

Que fait Junon en ce court intervalle?
Dans un bocal elle mêle à dessein
L'or, le carmin, et la nacre et l'opale.

De ce mélange, assorti de sa main,
Voilà qu'il sort une fleur panachée,
Riche en couleurs, d'une odeur recherchée.
C'était l'œillet. Brillant dès son berceau,
Que sera-t-il si Flore le confie
A quelque main habile autant qu'amie?
Les Immortels admirent de nouveau.

Ils admiraient quand le pasteur d'Amphise
Vient annoncer que son chef-d'œuvre est prêt.
L'héliotrope aussitôt apparaît.
Figurez-vous quelle fut la surprise
De tous les Dieux, alors que, se penchant
Vers son auteur, cette fleur bien apprise
Se retourna d'un air reconnaissant.
Elle a depuis gardé cette habitude :
De l'honorer elle fait son étude.
Tels on a vu, dans leur superbe cour,
Les fiers Incas, par gratitude,
Les deux genoux devant l'astre du jour,
Dont ils croyaient tirer une origine
Aux yeux du peuple et sacrée et divine.

Vulcain, exprès de Lemnos revenu,
Lève un marteau, frappe, et de son bras nu,
Parmi les fleurs lance la capucine.
Une étincelle en jaillit sur Cyprine.
Mars s'indignait, mais il fut retenu
Par un coup d'œil de sa belle maîtresse.
C'est la valeur qui cède à la tendresse.

La jeune Hébé se signale à son tour.

Elle a créé la douce primevère,
Du vert printemps fidèle avant-courière,
Du vert printemps, saison chère à l'amour.
Lorsque l'hiver retiendra dans la serre
Tant d'autres fleurs qui craindront les frimas,
L'amant, cueillant cette fleur bocagère,
Ira l'offrir à sa jeune bergère,
Plein de l'espoir de trouver en ses bras
De ses efforts le désiré salaire.

L'avare Dieu, qui couve son trésor,
Sans déroger à son goût ordinaire,
Le lourd Plutus forma le bouton d'or.
On ne peut donc celer son caractère !

Vénus travaille ; à ses côtés était
Son cher enfant qui des yeux la suivait.
Elle a créé : soudain paraît la rose,
Qui touche et plaît, même avant d'être éclose,
La belle rose à qui rien n'est égal.
Mais près du bien trop souvent est le mal ;
Aussi voit-on l'épine déchirante
Naître et s'unir à sa tige croissante.
Fleur précieuse autant qu'intéressante,
Un jour viendra qu'un illustre vieillard
Te chantera sur sa lyre immortelle,
Dont par la suite héritera Bernard,
Qui le prendra pour guide et pour modèle,
Gentil Bernard qui doit, en vers charmants,
De l'art d'aimer tracer les éléments.

La fleur, sortant des mains de Cythérée,

Fut d'abord blanche; ensuite Cupidon
Voulant la prendre, une épine acérée
Cruellement piqua son doigt mignon,
Ce qui fit bruit à la cour éthérée;
Car il pleura, saignant beaucoup, dit-on.
O mes lecteurs, ouvrez Anacréon;
Vous y verrez aventure pareille
Du petit Dieu blessé par une abeille.
Vénus secourt son cher, son pauvre enfant,
Déjà la rose est teinte de son sang.
La tendre mère alors en se baissant,
Par accident, sur la rose vermeille
Laisse tomber son flacon de cristal
Qui contenait un parfum végétal.
Ainsi, la rose, à peine épanouie,
Dut au hasard de joindre à l'incarnat
La douce odeur des parfums d'Arabie,
Et réjouit la vue et l'odorat.
A ce spectacle, on s'approche, on s'écrie :
L'un veut la voir, l'autre veut la sentir;
Mais Jupiter défend de la cueillir.
Règne, dit-il, ô fleur digne d'envie!
Règne à jamais sur le peuple des fleurs;
Sois souveraine au milieu de tes sœurs.

Junon ne put, sans que la jalousie
Causât en elle un secret mouvement,
De Vénus voir le triomphe éclatant,
Et dit tout bas : Oui, règne, fleur chérie,
De mon époux puisque c'est le vouloir;
Mais tu vivras du matin jusqu'au soir.
La rose doit à cet arrêt sévère

L'espace court de sa vie éphémère.

Cérès la blonde enfanta les bluets,
Qui, retombant sur la voûte éthérée,
Empruntent d'elle une teinte azurée.
Elle en sema les verdoyants guérets.

Mille autres fleurs reçoivent la naissance,
Le ciel devient un parterre brillant.
Tels, à la voix d'un monarque puissant,
Qui sur le goût fonde sa bienfaisance,
De toutes parts les beaux-arts s'élançant,
Vont chaque année, au centre de la France,
A la patrie offrir des dons nouveaux,
Et noblemement défier nos rivaux.

R. DE BEAUCARON.

LES AMOURS DES FLEURS

L'Amour d'un nouveau myrte a couronné sa tête;
Du monde végétal il a fait la conquête :
Otez la jalousie et les autres chagrins,
On aime chez les fleurs comme chez les humains.
O toi que l'on adore à Paphos, à Cythère,
Que dis-je? tes autels couvrent toute la terre,
Dieu charmant, d'un regard seconde mes efforts :
Je vais chanter ta gloire; anime mes accords

Dans des tentes d'azur, de rubis et d'opale,
Vénus a préparé la pompe nuptiale.
Les plantes qu'agitaient seulement les zéphirs,
Par d'autres mouvements témoignent leurs désirs.
On les voit se pencher, s'entr'ouvrir, se sourire,
Et confondre les feux que l'amour leur inspire.
Si l'amour s'obscurcit et qu'un ciel nébuleux
Leur fasse redouter quelque accident fâcheux,
Le calice à l'instant, les branches, le feuillage,
S'ébranlent de concert pour prévenir l'orage;
Les pavillons fermés en écartent les coups,
Et l'amour est remis à des moments plus doux.

Chaque espèce a ses lois : souvent la même tente
Réunit côte à côte et l'amant et l'amante;

Dans des séjours divers quelquefois retirés,
Loin du lit l'un de l'autre, ils vivent séparés.
Telle on voit la saussaie offrir dans les prairies
Un sexe différent sur ses tiges fleuries :
Lorsque vers le Bélier, le Soleil, de retour,
Ramène sur son char le printemps et l'amour,
Le mâle fait voler, à travers la campagne,
Ses esprits créateurs sur sa verte compagne,
Et quelque large étang que le sort mette entre eux,
A l'aide des zéphyrs, ils s'unissent tous d'eux.
Le Rhône impétueux, sous son onde écumante,
Durant dix mois entiers, nous dérobe une plante [1].
Dont la tige s'allonge en la saison d'amour,
Monte au-dessus des flots, et brille aux yeux du jour
Les mâles, jusqu'alors dans le fond immobiles,
De leurs liens trop courts brisent les nœuds débiles,
Voguent vers leur amante, et, libres dans leurs feux,
Lui forment sur le fleuve un cortége nombreux :
On dirait d'une fête où le dieu d'hyménée
Promène sur les flots sa pompe fortunée.
Mais les temps de Vénus une fois accomplis,
La tige se retire en rapprochant ses plis,
Et va mûrir sous l'eau sa semence féconde.

Près des pôles glacés, aux limites du monde,
Où, des hivers trop prompts succédant à l'été,
Le fruit ne peut atteindre à la maturité,
La nature déroge à sa règle constante,
Fait sortir du calice une plante vivante [2],

----

[1] La vallisneria
[2] Le pâturin vivipare.

Qui s'attache à la terre, et, pleine de vigueur,
De sa mère bientôt égale la hauteur.

De nos plus doux plaisirs confidente ordinaire,
La nuit prête aux amants son ombre tutélaire ;
Parmi les végétaux, le monarque du jour
Est le Dieu qui préside aux mystères d'amour.
Dès qu'aux portes des cieux les Heures vigilantes
Ont remis au Soleil ses rênes éclatantes,
Et que des premiers feux de son char échappés,
Au bout de l'horizon les sommets sont frappés ;
La plupart des tribus de l'empire de Flore,
Dans leurs habits de fête accompagnent l'Aurore,
Célèbrent leur hymen au milieu des concerts
Dont les oiseaux ravis font retentir les airs.
D'autres prennent le temps où la terre embrasée
A du matin humide exhalé la rosée ,
Mais chacune le soir voile son front vermeil,
Se retire à son heure et cède au doux sommeil.
Si l'on voit quelques fleurs [1] d'origine étrangère
Éviter parmi nous l'éclat de la lumière,
Et, comme les beautés qui régnaient à la cour,
Veiller durant la nuit, dormir pendant le jour,
C'est qu'aux lieux où l'Europe a ravi leur enfance,
Naît le jour quand la nuit vers nos climats s'avance;
C'est que de leur patrie elles suivent les lois,
S'ouvrent à la même heure ainsi qu'au même mois.
Tels, non loin d'un vaisseau fracassé par l'orage,
On voit des malheureux, échappés du naufrage,

---

[1] Les belles-de-nuit.

Sur une île inconnue assembler leurs débris,
Transplanter avec eux les mœurs de leur pays,
Et, retenant ses lois dans un autre hémisphère,
Consoler leur exil et charmer leur misère.

Mais quel nouveau spectacle ! Un insecte léger
Est devenu des fleurs l'habile messager.
Deux époux, écartés par un destin bizarre,
Ne peuvent-ils franchir le lieu qui les sépare?
L'abeille, en voltigeant, leur porte tour à tour
Les gages désirés d'un mutuel amour.

L'homme leur prête aussi sa féconde industrie.
Dans les brûlants climats où la palme fleurie
Semble, en penchant la tête, appeler son amant,
Le Maure arrache un thyrse au palmier fleurissant,
Sur elle le secoue et revient en automne
Cueillir les fruits nombreux que cet hymen lui donne[1].

CASTEL, *les Plantes*, chant I

---◇---

AMARANTE

Je suis la fleur d'amour qu'Amarante on appelle,
Et qui vient de Julie adorer les beaux yeux.
Rose, retirez-vous, j'ai le nom d'immortelle ;
Il n'appartient qu'à moi de couronner les dieux.

Je t'aperçois, belle et noble Amarante !
Tu viens m'offrir, pour charmer mes douleurs,
De ton velours la richesse éclatante ;

[1] Les dattes.

Ainsi la main de l'amitié constante,
Quand tout nous fuit, vient essuyer nos pleurs

Ton doux aspect de ma lyre plaintive
A ranimé les accords languissants :
Dernier débris de Flore fugitive,
Elle nous lègue, avec la fleur tardive,
Les souvenirs de ses premiers présents.

C. Dubos.

—◇—

BELLE-DE-JOUR ET BELLE-DE-NUIT

Les doux rayons de l'Aurore
Ce matin guidaient mes pas.
Je vois deux filles de Flore,
L'une se pressant d'éclore,
L'autre voilant ses appas.

Aux feux dont l'air étincelle,
S'ouvre la Belle-de-jour ;
Zéphir la flatte de l'aile :
La friponne encore appelle
Le papillon d'alentour.

Coquettes, c'est votre emblème :
Le grand jour, le bruit vous plaît ;
Briller est votre art suprême ;
Sans éclat, le plaisir même
Devient pour vous sans attrait.

L'autre fleur, non moins jolie,
Qui fuit la clarté des cieux,

Des nuits compagne chérie,
Nous montre, en cachant sa vie,
Le vrai secret d'être heureux.

Ainsi l'amante timide,
Qui craint les malins discours,
Prend le mystère pour guide,
Et, dans l'ombre, court à Gnide
Jouer avec les Amours.

S'il est un sort désirable,
C'est de pouvoir enflammer
Nymphe tendre, douce, affable,
Qui, le jour, sache être aimable,
Et qui, la nuit, sache aimer.

—◇—

BELLE-DE-NUIT

Solitaire amante des nuits,
Pourquoi ces timides alarmes,
Quand ma muse, au jour que tu fuis,
S'apprête à révéler tes charmes?
Si, par pudeur, aux indiscrets
Tu caches ta fleur purpurine,
En nous dérobant tes attraits,
Permets du moins qu'on les devine.
Lorsque l'aube vient éveiller
Les brillantes filles de Flore,
Seule tu sembles sommeiller
Et craindre l'éclat de l'Aurore.

Quand l'ombre efface leurs couleurs
Tu reprends alors ta parure,
Et de l'absence de tes sœurs
Tu viens consoler la Nature.

C. Dubos.

—◇—

CHÈVREFEUILLE

Puis-je oublier l'œillet de la vallée,
Le bouton d'or, la pâle giroflée,
Le chèvrefeuille à l'odeur parfumée !

Brugnot.

En son essor volage,
Le chèvrefeuille, aidé par un lien,
Monte, s'attache, et s'enlace au treillage.

Camp.

—◇—

CIGUË

La génisse, au retour de la verte saison,
Ne peut, sous la rosée et dans l'herbe menue,
Distinguer à l'odeur l'infidèle ciguë.

Castel

—◇—

CYPRÈS

Cyprès, qui partagez le deuil de la nature,
L'ennui jette sur vous son voile ténébreux.

P. Venance

—◇—

FOUGÈRE

Chère au fils de Sémèle, odieuse à Cérès,
La fougère à son tour fleurit dans nos guérets.

CASTEL.

Vous n'avez point, humble fougère,
L'éclat des fleurs qui parent le printemps;
Mais leur beauté ne dure guère,
Vous êtes aimable en tout temps.

LÉONARD.

—◇—

Voici le printemps qui s'avance,
Le front couronné de lilas,
Devant lui sourit l'espérance,
Du bonheur il guide les pas.

Hier, la première hirondelle,
Sous mon toit, commençant son nid,
M'a dit : J'apporte sous mon aile
Le bonheur trop longtemps banni.
Voici le printemps, etc.

L'air plus chaud déjà se parfume,
De tous côtés naissent les fleurs,
Dans les cieux le soleil s'allume :
Combien il va sécher de pleurs!...
Voici le printemps, etc.

Les cieux ont déchiré leurs voiles,
Les champs, les bois sont diaprés :

Il semblerait que les étoiles
Descendent le jour dans les prés...
Voici le printemps, etc.

Des buissons qui bordent la route
Sortent des chants harmonieux ;
Le laboureur qui les écoute
Se dit, dans un transport joyeux :
Voici le printemps qui s'avance,
Le front couronné de lilas,
Devant lui sourit l'espérance,
Du bonheur il guide les pas.

É. L'Épine.

—◇—

HORTENSIA

Règne aujourd'hui par tes attraits,
O fleur qu'un goût volage encense !
Jouis de tes brillants succès,
Mais redoute notre inconstance.
Pour fixer nos regards séduits,
Tes diverses métamorphoses
Tour à tour nous offrent les lis,
Les violettes et les roses.

—◇—

IMMORTELLE

L'automne a fui : dans nos vallées
L'hiver ramène les frimas ;

Déjà les Grâces désolées
Ont cessé d'y porter leurs pas.
En nous quittant, Flore te laisse
Pour nous consoler des beaux jours.
Ainsi quelquefois la vieillesse
Dérobe une fleur aux amours.

C. DUBOS.

❖

IRIS

C'est une fleur à peine éclose,
Qui tient un peu du lis pour la fierté,
Pour la fraîcheur tient de la rose,
Du tournesol pour la mobilité ;
Mais par malheur un peu trop vive,
Légère comme le zéphir,
Elle tient de la sensitive,
Et fuit quand on veut la cueillir.

❖

LAURIER

Daphné fut sensible et belle,
Apollon sensible et beau :
Sur eux l'amour d'un coup d'aile
Fit voler une étincelle,
De son dangereux flambeau.

Daphné, d'abord interdite,
Rougit voyant Apollon.

Il s'approche, elle l'évite ;
Mais fuyait-elle bien vite ?
L'amour assure que non.

Le dieu, qui vole à sa suite,
De sa lenteur s'applaudit ;
Elle balance, elle hésite :
La pudeur hâte sa fuite,
Le désir la ralentit.

Il la poursuit à la trace,
Il est prêt à la saisir,
Elle va demander grâce.
Une nymphe est bientôt lasse
Quand elle fuit le plaisir.

Elle désire, elle n'ose...
Son père voit ses combats,
Et par sa métamorphose
A sa défaite il s'oppose :
Daphné ne l'en priait pas.

C'est Apollon qu'elle implore ;
Sa vue adoucit ses maux :
Et vers l'amant qu'elle adore
Ses bras s'étendent encore
En se changeant en rameaux

MARMONTEL.

MYOSOTIS

Pour exprimer l'amour, ces fleurs semblent éclore ;
Leur langage est un mot, mais il est plein d'appas ;

Dans la main des amants elles disent encore
Aimez-moi, ne m'oubliez pas.

NARCISSE

Du sein de l'herbe il sort avec éclat
Un bouton d'or sur une longue tige.
Bordé de fleurs d'un tissu délicat ;
Feuille d'argent qu'un léger souffle abat,
Plante agréable et de frêle existence,
Enfant de Flore, à peu de jours borné,
Doux, languissant, symbole infortuné
De la froideur et de l'indifférence.

MALFILATRE.

ŒILLET

Aimable Œillet, c'est ton haleine
Qui charme et pénètre nos sens ;
C'est toi qui verses dans la plaine
Ces parfums doux et ravissants.
Les esprits embaumés qu'exhale
La rose fraîche et matinale,
Pour nous sont moins délicieux ;
Et ton odeur suave et pure
Est un encens que la nature
Élève en tribut vers les cieux.

C. DUBOS

ROSE

Tendre fruit des pleurs de l'Aurore,
Objet des baisers du Zéphir,
Reine de l'empire de Flore,
Hâte-toi de t'épanouir.
Que dis-je, hélas ! diffère encore,
Diffère un instant de t'ouvrir,
L'instant qui doit te faire éclore
Est celui qui doit te flétrir.

GENTIL BERNARD.

Je veux, dans un repas charmant,
Entourer ma coupe de roses ;
Vénus en fait son ornement.
Au siècle des métamorphoses
La déesse les vit écloses
Du sang vermeil de son amant.
Quand l'Amour danse avec les Grâces,
La rose orne ses beaux cheveux
La rose est le plaisir des Dieux ;
Le Zéphir en est amoureux
Et Flore en parfume ses traces.
On aime à cueillir ses boutons,
Malgré leur épine cruelle ;
Les Muses la trouvent si belle
Qu'elle est l'objet de leurs chansons.

Mais elle ira bientôt parer le noir rivage ;
Oh ! mes amis ! comme elle ou nous verra finir.

Eh ! que laisserons-nous après ce court voyage ?
Une ombre, un peu de cendre, un léger souvenir.
A quoi sert d'embaumer nos dépouilles mortelles,
Et sur de vains tombeaux pourquoi semer des fleurs ?
C'est tandis que la vie anime encor nos cœurs,
Qu'il faut nous couronner de guirlandes nouvelles.

Profitons du jour serein
Que ramène la nature ;
L'impénétrable destin
A caché le lendemain
Dans la nuit la plus obscure.
Loin de nous chagrin, tourment,
Inquiétude ennemie !
La saine philosophie
Est de voyager gaiement
Sur la route de la vie :
On n'y paraît qu'un instant ;
Je le donne à la folie,
Et je m'en irai content
Dans l'abîme où tout s'oublie.

LÉONARD.

—◇—

VIOLETTE

Aimable fille du printemps,
Timide amante des bocages,
Ton doux parfum flatte nos sens,
Et tu sembles fuir nos hommages.
Comme le bienfaiteur discret,
Dont la main secourt l'indigence,

Tu me présentes le bienfait
Et tu crains la reconnaissance.

Dubos.

Discrète,
La violette
Sait s'attacher
A se cacher,
Pour mieux se faire rechercher.
Modeste et belle,
Fille, comme elle,
Doit à son tour
Fuir sans retour
Les feux du jour
Et de l'amour.

Dupaty.

LES FLEURS

Avez-vous senti dans les prairies, au mois de mai, ce parfum qui communique à tous les êtres l'ivresse de la fécondité? Une petite herbe, la flouve odorante, est un des plus puissants principes de cette harmonie voilée. Mettez ses lames luisantes et rayées comme une robe à filets blancs et verts dans un bouquet; ses inépuisables exhalaisons remueront au fond de votre cœur les roses en bouton que la pudeur y écrase. Autour du col évasé de la porcelaine, supposez une forte marge, uniquement composée des touffes blanches particulières au sédum de la vigne; de cette assise sortent les spirales des liserons à cloches blanches, les brindilles de la bugrane rose, mêlées de quelques fougères, de quelques jeunes pousses de chêne, aux feuilles magnifiquement colorées et lustrées, humble comme des saules pleureurs, timides et suppliantes comme des prières. Au-dessus, voyez les fibrilles déliées, fleuries, sans cesse agitées de l'amourette purpurine, qui verse à flots ses anthères florescentes; les pyramides neigeuses du pâturin des champs et des eaux, la verte chevelure de bromes stériles, les panaches effilés de ces agrostis, nommés les épis du vent : vi lâtres espérances, dont se couronnent les premiers rêves, et qui se détachent sur le fond gris de lin, où la lumière rayonne autour de ces herbes en fleur. Plus haut, quelq es roses de

Bengale clair-semées parmi les folles dentilles du daucus, les plumes de la luzaigrette, les marabouts de la reine des prés, les ombelles du cerfeuil sauvage, les blonds cheveux de la clématite en fruits, les mignons sautoirs de la croisette au blanc de lait, les corymbes des mille-feuilles, les tiges diffuses de la fumeterre aux fleurs roses et noires, les vrilles de la vigne, les brins tortueux des chèvrefeuilles; enfin tout ce que ces naïves créatures ont de plus échevelé, de plus déchiré, des flammes et des triples dards, des fleurs lancéolées, déchiquetées, des tiges tourmentées comme les désirs entortillés au fond de l'âme. Du sein de ce prolixe torrent d'amour qui déborde s'élance un magnifique pavot rouge, accompagné de ses glands prêts à s'ouvrir, déployant les flammes de son incendie au-dessus des jasmins étoilés, et dominant la pluie incessante du pollen, beau nuage qui papillote dans l'air, en reflétant le jour dans ses mille parcelles luisantes! Quelle femme enivrée par la senteur d'aphrodite cachée dans la flouve ne comprendra ce luxe d'idées soumises, cette blanche tendresse troublée par des mouvements indomptés, et ce rouge désir de l'amour, qui demande un bonheur refusé dans les luttes cent fois recommencées de la passion contenue, infatigable, éternelle! Mettez ce discours dans la lumière d'une croisée, afin d'en montrer les frais détails, les délicates oppositions, les arabesques, afin que la souveraine y voie une fleur plus épanouie, et d'où tombe une larme; elle sera prête à s'abandonner. — Il faudra qu'un ange la retienne.

H. DE BALZAC.

—◇—

Qui pourrait ne pas aimer les fleurs quand on songe que, seules dans la nature, elles font toujours du bien et jamais du mal, que toujours fécondes en charmes et en douceurs, elles ne nuisent jamais à rien, ni à personne.

Par une exception unique, elles n'ont pris que le beau côté des choses de ce monde et rien de la triste contre-partie qu'on trouve trop souvent dans la nature humaine.

La plupart sont admirablement belles, et aucune en retour ne se montre d'une laideur repoussante. Le plus grand nombre d'entre elles ont un délicieux parfum et bien peu de désagréables odeurs. Ensuite, par une particularité remarquable de leur essence toute bienfaisante, celles dont le calice contient un suave encens le répandent au loin, tandis que celles qui portent une âcre senteur ne l'exhalent pas au dehors. En entrant dans un jardin, on se sent enveloppé des flots de parfums de l'oranger, de l'héliotrope ; le doux arome suit tous les pas et se répand au loin. Le géranium, au contraire, garde si bien son odeur dans son sein que pas un souffle d'air ne vous l'apporte ; vous passez auprès de lui sans vous apercevoir de rien que de ses belles couleurs.

Les fleurs, si bien partagées, n'ont rien non plus des disgrâces humaines : leur enfance en feuillage et en boutons est toute charmante, et la décomposition, si repoussante chez les autres êtres, ne paraît pas en elles : leur mort est une neige abondante qui tombe sur la terre.

Aussi, dans tous les lieux, dans tous les temps, cette belle partie de la création a été l'une de nos affections les plus vives.

Dans les hôtels à la mode, les escaliers, les salons, sont garnis de fleurs ; les jardinières mettent des rideaux de feuillages devant les fenêtres ; les cheminées se changent en parterre ; on a inventé des *lustres d'été* pour mettre des fleurs jusqu'au plafond. Elles forment les plus charmants décors aux lambris, elles forment la plus charmante parure dans la main des femmes.

Si les riches s'entourent de fleurs, les pauvres n'en sont pas moins jaloux.

Souvent ceux qui n'ont pas de quoi acheter du pain achètent des fleurs. Dans une rue qui descend du marché, on voit passer une pauvre femme apportant un pot de pensées, précieusement serré entre ses deux mains... Elle le regarde, elle sourjt... ce sourire étranger sur ses traits maigres et flétris montre que les fleurs sont le bonheur de ceux qui n'en ont pas... Un instant après, en levant les yeux au dernier étage d'une sombre masure, on voit reparaître le pot de pensées à la fenêtre de la mansarde, dont il éclaircira la tristesse.

Dans nos temps civilisés, ce goût des fleurs doit sembler naturel, mais on le trouve aussi au plus haut degré dans les siècles barbares de nos pères.

On est étonné de voir quel extrême intérêt ces hommes si rudes et si matériels attachaient à des fleurs. Le don d'un *chapel de roses* ou de *violettes* était pour eux chose de haute importance ; il formait parfois toute la dot d'une mariée. On trouve beaucoup de vieilles chartes où sont gravement consignés des *redevances de roses*. Ainsi les ducs et pairs qui avaient leur pairie sur le ressort du parlement, devaient une fois l'an faire *baillée aux roses* aux vénérables magistrats de ce corps. C'était une cérémonie très-sérieuse, que présidait le roi, et pour laquelle le palais de la Cité revêtait sa pompe des plus grands jours.

Les fleurs avaient alors tant de prix qu'une grande partie des environs de Paris était consacrée à leur culture ; il y avait plus de terres employées à produire des fleurs que du blé ; on les regardait comme une des richesses de la France. De ces vastes champs de fleurs il s'en est conservé quelques-uns jusqu'à nous ; les terrains de Fontenay-aux-Roses, par exemple, gardent encore leur ancienne destination. En contemplant cet espace, qui depuis douze ou quinze cents ans produit des fleurs chaque été, en songeant à toutes les moissons radieuses qui se sont épanouies sur cette terre, la pensée est éblouie de tout ce qui s'amasserait là de roses si on pouvait les voir réunies... On escaladerait le ciel sur cette montagne parfumée !

De tous les objets extérieurs, ce sont les fleurs qui se lient le plus étroitement à nous, elles semblent faire partie de notre existence.

Elles interviennent dans toutes les choses de la vie publique et privée. Elles sont près de nous au baptême, au mariage, dans le champ où nous allons chercher le repos éternel. A notre fête, elles sont le symbole du bonheur qu'on nous souhaite. Elles entrent à propos de tout dans les demeures ; elles se mêlent aux plaisirs, aux choses saintes ; elles vont à la messe, elles vont au bal. Dans la vie publique, elles ornent les places, les monuments, elles consacrent toutes puissances ; nulle souveraineté royale ou populaire n'a pu se passer d'elles.

Mais c'est surtout dans la vie journalière et privée que la présence des moindres végétaux a des charmes, parce que là on a le temps de les contempler, de les étudier, et plus on observe ces merveilleux phénomènes de la nature, plus on les admire, un bourgeon qui s'épanouit doucement, et de son tube étroit jette une large gerbe de feuilles et de fleurs, c'est un miracle qui s'opère sous vos yeux, c'est une chose charmante qui naît de rien, c'est l'air et le soleil qui, dans leur travail splendide et mystérieux, accomplissent leur œuvre sur cette fenêtre.

Clémence Robert

LA MARGUERITE

ET

LA VERVEINE

———

Un marchand drapier des environs de la place Sainte-Opportune, M. Bénard fils et compagnie, était assis devant Simon, son jardinier. M. Bénard était bourgeois de Paris, d'une ignorance phénoménale, et lisait quotidiennement le *Charivari*, ce qui naturellement l'avait conduit dans les régions du scepticisme.

Cependant Simon Troëen, natif de Gand et jardinier de profession, conservait encore quelques-uns des attraits de cette belle et fraîche nature qui l'avait fait, dans son temps, le sujet de plus d'un rêve de jeune fille à marier. Au moment où il subissait le regard de M. Bénard fils et compagnie, il était planté droit devant une plate-bande du jardin de la villa que possédait le drapier, vers les latitudes de Sèvres et de Meudon, et où le sceptique marchand allait, par les beaux soirs d'été, chercher d'autres aspects et d'autres parfums que ceux offerts par la place Sainte-Opportune.

Sans s'inquiéter autrement de l'air railleur de Bénard,

Simon Troëen, le bras tendu en avant, désignait du doigt deux charmantes fleurs dont les tiges se balançaient doucement au souffle d'une tiède brise de juin.

Et il disait avec feu :

— Oui, monsieur Bénard, oui, avant quinze jours, vous le verrez par vos yeux... si vous laissez cette verveine à côté de cette marguerite, la verveine périra : cette pauvre petite, elle périra de jalousie !...

— De jalousie !... dit le marchand avec un sourire charivaresque.

— De jalousie, Jésus, mon Dieu ! Quand je vous répète que c'est un fait, un vrai fait... Enfin, Paris a des savants, et...

— Je ne crois pas aux savants, fit Bénard.

— Mais, reine du ciel ! reprend Simon, j'ai vu, vu... moi-même avec ces fleurs que voilà... Qu'avez-vous à répondre, monsieur Bénard ?...

— Que tu as vu de travers...

— Oh !... oh !... oh ! s'écria Simon ne pouvant s'empêcher de frapper du pied d'impatience, malgré son respect pour son patron... Oh !... si je vous contais...

— Conte, dit le marchand, s'asseyant sur un meuble rustique de la façon de Simon ; conte, mais je te préviens que, nous autres Parisiens, nous sommes devenus bien incrédules, nous ne croyons plus guère qu'aux révolutions !

Simon, autorisé, prit une attitude oratoire et commença ainsi :

— Voyez, monsieur Bénard, j'avais comme aux environs vingt ans. Depuis une couple d'années, on commençait à parler de moi à Orchies où je suis né : c'est que, sans chercher à me vanter, on a rarement vu un garçon s'acharner aux fleurs comme je faisais. Ce n'était pas pour gagner mes quarante sous par jour que, dès trois heures du matin, en été, je me mettais à gratter, à sarcler, à feuiller, arroser les plates-bandes de notre jardin ! Mais c'est que je n'étais heureux qu'avec mes fleurs. Et en effet, monsieur Bénard, je vous le demande, y a-t-il au monde rien de plus charmant que ces petits joujoux du bon Dieu, qu'il semble avoir inventés pour réjouir les yeux et le cœur des âmes bonnes et honnêtes?

Or, voilà qu'un jour que j'étais en extase devant une marguerite et une verveine, précisément les sœurs de celles-ci, monsieur Bénard, mon père arrive et me dit : « Simon, tu as vingt ans, je veux te marier, mon garçon. — Fort bien, mon père, que je réponds en mettant un tuteur à la marguerite ; car elle promettait une telle abondance de fleurs, que je voyais bien qu'elle ne serait jamais en état de les porter. — Écoute, reprit mon père, il y a en face de notre maison deux jolies filles, l'honnêteté et la sagesse mêmes ; l'une, c'est Louise, l'autre, c'est Annette : laquelle préférerais-tu, mon enfant? — Celle que vous préférerez vous-même, répondis-je en faisant un geste d'impatience : car en enfonçant le tuteur de ma marguerite je venais de le casser.

— Mais, reprend mon père, c'est à toi seul de faire ton choix. Demain dimanche, nous irons à la feuillée, tu feras danser ces bonnes filles, et ensuite tu me diras ton goût. — C'est convenu, fis-je en jetant quelques gouttes d'eau à ma verveine, vu que le ciel était enflammé ce jour-là, qu'elle aurait eu beau lui demander le lendemain matin quelques gouttes de rosée, elle n'aurait pas eu seulement une larme, la pauvre petite !

Le lendemain dimanche, en revenant le soir de la danse,

mon père but une canette de bière et me dit : Eh ben?...

— Dame!... mon père... moi, je ne sais pas trop... Annette et Louise me paraissent également deux bien braves filles.

—Diable! fit le vieux Troëen, tu ne peux cependant pas les épouser toutes les deux ; il faut faire un choix.

—Ah! père, répondis-je, s'il s'agissait de décider entre une rose et un dahlia, je me tirerais bien d'affaire ; mais entre deux femmes, quelle différence peut-il y avoir? Je vous répète que je désire que vous choisissiez.

— Non, reprit mon père, ça doit venir de toi, et avec le temps ça viendra. En attendant, et puisque tu ne sais pas encore laquelle tu préfères, il faut les bien disposer toutes les deux.

Et, sans attendre ma réponse, voilà mon vieux bonhomme qui prend sa bêche, fait quatre entailles à la terre, approche un joli pot en faïence bleue, et y dépose ma marguerite chérie, puis, cela fait, recommence l'opération pour la verveine, et, me regardant en souriant me dit :

— Porte-leur ça : la marguerite à Louise, la verveine à Annette.

— Oh! fis-je le cœur serré, donner ma marguerite et ma verveine!... » C'est que, savez-vous, monsieur Bénard, qu'il n'y avait rien de pareil dans la contrée, depuis Orchies jusqu'à Lille et Douai! J'avais peut-être semé dix livres de graines, avant d'obtenir ces deux trésors-là ! Voilà comme elle est, la nature, elle vous regarde peiner, souffrir pendant des années pour vous donner du fretin, et puis un beau jour elle se met à dire : Faut pourtant le récompenser ce brave homme ! Alors elle nous envoie une de ces fleurs à couleurs splendides, rares, fines, délicates, à tiges fournies, abondantes, sveltes, distinguées comme des marquises; d'autres fois, enfin, de ces plantes que, quand on s'arrête devant, ce n'est qu'un cri de joie et d'admiration.

Et mon père voulait me séparer de ma marguerite et de ma verveine !

Mais c'était un vieux malin, et, malgré les deux grosses larmes qu'il voyait rouler dans mes yeux, il s'y prit si bien, que, deux heures après, l'une était sur la fenêtre de Louise, l'autre sur celle d'Annette, à deux pieds de distance. Elles pouvaient encore se voir et causer ensemble, ces deux amours !

Je dis ça, parce que je ne savais pas qu'elles allaient devenir jalouses l'une de l'autre, ces pauvres petites !

Le dimanche suivant, mon père vida de nouveau sa canette et me dit comme le dimanche d'avant : « Eh ben?...

— Eh ben, mon père, c'est toujours de même. Louise et Annette sont deux braves filles, aimables, fraîches comme des pâquerettes d'avril, et du diable si j'oserai dire que celle-ci me va mieux que celle-là. Encore un coup, pourquoi ne pas m'aider à me déterminer?

— Parce que je ne veux pas avoir la responsabilité de ton bonheur futur. »

Mais c'était un vieux malin, comme je vous ai dit. Tout en ayant l'air de ne pas m'influencer, il manœuvrait en dessous pour que je me décidasse en faveur de Louise. Il l'avait prise à part, il avait été plusieurs fois chez elle en cachette ; il avait si bien jacassé enfin, que la pauvre fille s'imaginait que je la préférais à Annette et de beaucoup. Le fait est que je ne pensais qu'à ma marguerite et à ma verveine.

Car il ne faut pas croire que je les avais oubliées, allez, monsieur Bénard !... Non !... non !... Chaque jour, en allant au jardin, je me rangeais devant notre porte, et pendant dix

bonnes minutes je les couvais du regard sur la fenêtre où
elles étaient perchées : on m'aurait dit alors que la maison
brûlait, que je n'aurais pas détourné les yeux, bien sûr ! —
Pendant trois semaines, je fus enchanté ; mes fleurs se
portaient comme des charmes, les feuilles se terminaient
divinement, les boutons s'épanouissaient que c'était une
bénédiction ; on voyait bien qu'il y avait là dedans de la
santé, de la vie pour l'éternité !... Tout à coup... c'était un
lundi... je ne l'oublierai jamais... même que la veille
j'avais fait danser Louise deux fois plus qu'Annette : c'est
que mon père, qui poursuivait toujours en dessous son
idée, m'avait dit qu'Annette était retenue, bien que ce ne
fût pas... Donc, ce lundi, je regarde comme à l'ordinaire,
d'abord la marguerite : elle rayonnait de santé ; mais la verveine d'Annette... Oh ! Dieu, monsieur Bénard, il n'y avait
pas à s'y tromper... Elle couvait une maladie. Déjà plusieurs feuilles se penchaient le long de la tige en se tor-
dant, et quelques fleurs se courbaient et pâlissaient, au
lieu d'éclater au soleil levant, droites et feuillantes comme
jadis !

Je vous demande si je fus saisi !... Mais que faire ? il était
trois heures du matin. Je ne pouvais pas réveiller Annette.
D'un autre côté, attendre était impossible ; j'avais intigé
des camellias chez un amateur du voisinage, et j'aurais
mieux aimé mourir que de les négliger. — Après un quart
d'heure d'irrésolution et d'angoisses, il fallut bien partir,
et, pour me consoler, je me disais en marchant : Ça ne peut
pas être grave, ça ne peut demander qu'une goutte d'eau
et une pincée de terreau ; or, Annette, elle, la plus atten-
tive et la plus soigneuse des filles, elle apercevra le mal, et
saura le guérir.

Ah ! comme on se fait illusion ! Le lendemain, c'était pis,

il était évident que le mal gagnait ; le surlendemain nouvelles feuilles et nouvelles fleurs malades, enfin jusqu'au
dimanche des progrès effrayants ! Quoique sûr des soins
d'Annette, j'aurais voulu lui parler ; mais il fallait partir à
trois heures du matin et ne rentrer qu'à la nuit, quand
tout le monde était couché.

Enfin le dimanche arriva ! — Et si, à cause des offices
auxquels elle était assidue, comme une honnête fille doit
l'être, je ne pus l'entretenir, le soir je devais la voir à la
danse. En effet, à peine arrivé sous la feuillée, je cherchai
Annette des yeux, et je l'aperçus à l'extrémité de la salle ;
j'allais y courir, quand mon père mit ma main dans celle
de Louise, et nous poussa au milieu d'un quadrille. Quit-
ter Louise alors eût été lui faire un affront ; il fallut danser. — Bon ! me dis-je, mais après la figure je courrai
à Annette, et je saurai ce qu'a ma verveine, je le saurai.

Ah ! monsieur Bénard, quel guignon !... Pendant que je
dansais, il paraît qu'Annette se sentit indisposée. Sa mère dut
la ramener aussitôt, si bien que je ne pus lui dire un mot..

C'était pourtant bien pressant : car à la pointe du jour,
dès qu'il fut possible de distinguer les objets, et jetant avec
anxiété un coup d'œil sur mon amour de fleur, je ne pus
retenir un cri douloureux. Toutes les feuilles se penchaient
vers la terre, comme celles d'un saule pleureur ; on sentait que la séve ne circulait plus, on devinait que la pauvre
plante allait se flétrir et mourir !...

Je rappelai mon sang-froid pour tâcher de découvrir un
remède, et je ne découvris rien. Si elle était dans les mains
d'une autre, me disais-je, je penserais qu'elle manque
d'eau, mais Annette est incapable de négliger une amie.
Alors qu'est-ce qu'elle a ? qu'est-ce qu'elle a ? ajoutais-je
avec désespoir.

C'est que je l'aimais d'autant plus ma verveine, que je voyais sa sœur, la marguerite, resplendir de santé sur la fenêtre de l'escalier. Et vous savez, monsieur Bénard, celui de ses enfants qu'on aime le plus est celui qui va mourir.

Tout à coup je fus frappé d'une idée et je m'écriai : Ce n'est pas la terre, ce n'est pas l'eau, ce ne sont pas les soins qui lui manquent, par conséquent; si elle est malade, c'est de jalousie. Elle est jalouse de la marguerite, elle est jalouse de la marguerite ! Elle l'est ! j'en mettrais ma main au feu !

A ce moment Annette ouvrit la fenêtre; elle était pâle, on voyait qu'elle souffrait encore, mais moins que ma verveine. « Mon Dieu! Annette, que je lui dis en la lui montrant, ne voyez-vous pas que cette pauvre petite se meurt ! » Elle me fit un signe de tête affirmatif, et d'un air bien triste : « Eh bien ! repris-je, ce n'est pas de votre faute, j'en suis sûr, et d'ailleurs je sais ce qu'elle a, elle est jalouse de sa voisine la marguerite. » Annette ne me répondit pas, mais elle se remit à pleurer. « Oh ! ne vous fâchez pas, ajoutai-je aussitôt, je sais bien qu'il n'y a pas de votre faute; mais si on ne la retire pas de là, elle périra. Confiez-la-moi pour quelques jours, et que Dieu me damne à toute éternité si je ne lui rends la vie... »

Elle se pencha en avant et me tendit le pot de fleurs; je le saisis en me levant sur la pointe des pieds, je l'emportai dans notre cour, et je le confiai à mon père; car mes camellias ne me permettaient pas de rester.

Au bout de trois jours que la verveine n'était plus près de la marguerite, elle était redevenue plus brillante que jamais ; aussi mon père, à qui je n'avais pas communiqué mes soupçons sur la cause de sa maladie, la rendit à Annette sans me consulter, et pendant que j'étais absent de la maison.

Et puis, quand je rentrai le soir, il me dit malicieusement :
« Simon, je vois ton affaire à c't'heure... C'est décidément
Louise que tu préfères : tu n'as fait danser qu'elle dimanche
dernier. — Mais, père, Annette ayant quitté le bal, je ne
pouvais pas... — Ta, ta, ta, reprit le vieux Troëen, ce n'est
pas une raison. Tu n'as fais danser que Louise, je te dis...
donc tu la préfères, entends-tu ! Aussi je l'ai demandée aujourd'hui, et tu l'épouseras dans huit jours. — Avec plaisir,
répondis-je, car Louise est une bonne fille, et je suis sûr
qu'elle me rendra heureux. »

Et alors il m'apprit ce qu'il avait fait de la verveine.

Ça me donna un coup. Cependant je ne lui confiai pas ma
pensée sur la cause du mal, car c'était un vieux malin,
comme vous savez, et je craignais ses moqueries ; mais, dès
le surlendemain, l'évidence était complète ; déjà la verveine
pâlissait, et à la fin de la semaine, le jour de mon mariage
en lui donnant un dernier coup d'œil, je vis qu'elle n'en
avait pas pour deux heures à vivre.

Tandis que sa sœur, la marguerite, déployait à côté ses
superbes et orgueilleux panaches.

Le soir de ce beau jour, on avait transporté celle-ci sur
la table du festin, elle trônait au milieu. Louise, placée à
ma droite, me la montrait en souriant ; quoique je fusse
heureux d'épouser une si bonne créature, je me sentais le
cœur gros, en songeant que ma verveine était peut-être
morte à l'heure qu'il était ! A ce moment-là on me remit
un billet d'Annette ; voici à peu près ce qu'il disait :

« C'est fini, monsieur Simon... comme vous reveniez tan-
tôt de la messe, j'ai regardé ma verveine, j'ai tâté ses tiges,
ses feuilles, ses fleurs... Tout était sec et mort ! On dira
peut-être que, depuis huit jours que je ne me porte pas
bien, je l'ai négligée !... Non, ce n'est pas cela... Cette

marguerite à côté, si belle, si triomphante, et qu'on lui
préférait... Enfin, vous avez deviné, elle est morte de jalousie...

« Soyez heureux, monsieur Simon, — moi, je pars, je
quitte la chambre, le quartier... En restant ici, je son-
gerais toujours à ma pauvre verveine, et cela me ferait
trop de mal... Adieu...

« ANNETTE. »

Eh bien? monsieur Bénard, me soutiendrez-vous encore
qu'une fleur ne meurt pas de jalousie?

PHILIPPE DE MARVILLE.

H. CATENACCI INV S. DEL

LA TULIPE DU SAVETIER

On voyait, il y a une trentaine d'années, au coin de la ru
de Leyde, une misérable échoppe de savetier ; c'étai
l'unique patrimoine de Graaf, qui l'habitait avec sa femm
Jeanne. Ce pauvre couple, jeune encore, était entré dan
la vie par un de ses sentiers les moins fleuris ; Jeann
n'avait jamais connu d'autre jouissance que celle d'ad
mirer, non sans envie, sur les autres femmes, les belle
toilettes qu'elle ne pouvait porter elle-même ; quan
à Graaf, tous ses plaisirs se résumaient dans la cultur
d'un oignon de tulipe, présent du hasard qui le lui avai
fait découvrir parmi quelques débris de plantes jetés a
pied du mur contre lequel s'appuyait son échoppe. Graa
était, il faut bien le dire, infiniment mieux partagé qu
sa femme ; tandis que celle-ci ne récoltait que de vain
désirs et d'amers regrets, il avait, lui, chaque année, la sa
tisfaction de voir sa tulipe acquérir, grâce aux soins vrai
ment paternels qu'il lui prodiguait, un beau développe
ment et d'admirables proportions.

Au moment où se passait le fait que nous allons raconter
l'élève de Graaf avait atteint l'apogée de son éclat ; les pas
sants se groupaient devant l'échoppe, pour admirer, le

uns, la délicatesse, les autres, l'heureuse combinaison des
nuances; ceux-ci, la coupe élégante des pétales; ceux-là, le
port gracieux de la hampe; tout cet ensemble harmonieux
qui est le véritable cachet de la perfection. Jamais, disait-
on d'un accord unanime, on n'avait vu plante réunir tant
de qualités précieuses, ni à un si haut degré; et chacun
ajoutait : « Il n'y a pas au monde une tulipe capable de disputer, cette année, à la tulipe de Graaf, le grand prix de dix
mille rixdales. » Dieu sait quelle joie portaient dans l'âme de
Graaf des propos si flatteurs pour son amour-propre ! Une
autre oreille, celle de Jeanne, ne s'ouvrait pas moins avide-
ment aux éloges de la foule; ce n'était pas une petite séduction pour elle que ce pronostic d'un prix de dix mille rixdales : que de vœux longtemps stériles allaient être enfin sa-
tisfaits ! — Car Graaf avait une tendresse réelle pour sa
femme, et ce n'était certes pas son cœur qu'il fallait accuser
de la mise plus que modeste de Jeanne. — Quelles belles
toilettes elle se promettait d'étaler, à son tour, aux regards
des femmes qu'elle avait tant enviées !

Satisfaction d'amour-propre pour le présent, contentement de vanité pour l'avenir. Graaf et sa femme pen-
saient avoir tout ce qui constitue le bonheur; et depuis la
construction de leur petite échoppe, nul ne se souvenait
d'avoir vu s'y épanouir deux figures plus réjouies.

Mais il y avait, dans le voisinage de Graaf, un riche banquier dont le visage s'allongeait et s'assombrissait d'une
façon non moins remarquable; ce visage était celui de
M. Burmann, l'amateur de tulipes le plus renommé des
Pays-Bas. Depuis plusieurs années, M. Burmann avait si
constamment triomphé de toutes les concurrences, que le
prix de dix milles rixdales semblait être devenu définitive-
ment sa propriété; et, cette fois, il allait se voir détrôner

par un simple savetier! Les tulipes de son splendide parterre allaient courber la tête devant une tulipe d'échoppe! Quel rude soufflet sur la joue du banquier que cette victoire du prolétariat sur la finance!

Tout à coup, un matin, à la suite d'une nuit sans sommeil, un éclair de joie brille dans les yeux de M. Burmann:

— C'est le ciel qui m'envoie cette idée, s'écrie-t-il; je ne subirai point l'humiliation d'une si honteuse défaite.

Il y a toujours ressources et espoir pour l'homme qui possède de l'argent.

M. Burmann se rend aussitôt à l'échoppe de Graaf:

« Bonjour, maître Graaf; vous avez là une belle tulipe.

— Assez belle, répond Graaf en donnant à sa voix, pour cette réponse modeste, son inflexion la plus orgueilleuse.

— Oui, ma foi, reprend Burmann après quelques instants d'un minutieux examen; elle pourrait figurer honorablement dans une collection d'amateur.

— Vous n'êtes pas le seul de cet avis, monsieur Burmann.

— Je ne serais vraiment pas éloigné de l'admettre à figurer dans la mienne, qui est, vous le savez, la plus riche et la plus complète du royaume.

— Je sens tout le prix d'un pareil éloge.

— Tenez, maître Graaf, j'ai pour habitude d'être rond en affaires, voulez-vous me vendre votre tulipe? je vous en offre mille rixdales. »

Burmann, convaincu qu'un tel chiffre doit avoir ébloui le savetier, avance déjà la main vers la tulipe; Graaf saisit le vase où est la plante et le rentre vivement dans son échoppe, avec un mouvement superbe d'indignation.

« Je suis étonné, Graaf, de vous voir accueillir de la sorte une proposition que vous devriez considérer comme une bonne fortune.

— Je vis petitement de mon travail, j'en conviens ; mais je ne demande rien à personne.

— Allons, j'ai trop laissé voir mon désir ; c'est une faute, et vous en profitez ; qu'à cela ne tienne, je suis homme à m'exécuter : voulez-vous cinq mille rixdales ?

— Pas davantage, monsieur Burmann. »

Et le ton de Graaf est si résolu que le banquier en demeure tout interdit.

« Écoutez, maître Graaf, dit-il après quelques minutes de réflexion, je vois qu'il serait inutile de jouer au fin avec vous ; je vais donc m'expliquer sans détour : votre tulipe est irréprochable, elle peut se présenter avec avantage au concours et disputer le prix, même aux plus belles de ma collection ; et si je suis venu vous faire des offres...

— C'est afin de vous épargner une défaite ?

— Précisément. Or, il résulte nécessairement de nos deux positions que je tiens moins à la valeur du prix qu'à l'honneur de le remporter, tandis que, de votre côté, c'est l'inverse qui a lieu. Rien de plus facile à concilier : je vous payerai votre tulipe dix mille rixdales ; à vous l'argent, à moi l'honneur.

— Il me faut l'honneur et l'argent, répliqua le savetier avec la plus grande tranquillité. »

Mais Burmann, devant cette obstination, a retrouvé tout son sang-froid d'homme d'affaires.

« Vous réfléchirez, maître Graaf ; seulement je vous préviens que je retire mes offres si dans deux heures la tulipe n'est pas dans mon hôtel. »

Et il s'éloigna sans même détourner une seule fois la tête.

Deux yeux le suivirent avec inquiétude dans cette brusque retraite, non pas les yeux de Graaf, resté impassible sur son

escabeau, mais ceux de Jeanne dont la tête, penchée à la
fenêtre de l'échoppe, s'inclinait tristement à chaque pas
que faisait le banquier pour se rapprocher de son hôtel.
S'armant enfin de courage, elle se retourne vers son mari et
lui dit :

« Quelle sottise d'avoir rejeté la proposition de ce généreux M. Burmann ! »

C'était la première fois, depuis dix ans de ménage, que
Jeanne se permettait un blâme, et ce ne fut pas sans une
légère émotion que le savetier répondit :

« Qu'en savez-vous, Jeanne ?

— Je sais qu'avec dix mille rixdales tu pourrais vendre
cette laide et vieille échoppe et former un bel établissement
dans un des plus riches quartiers de la ville.

— C'est bien mon projet, et je compte l'exécuter avant
peu.

— Avec quels fonds, s'il vous plaît ?

— Avec les fonds du grand prix ; qui valent, je crois,
ceux de M. Burmann.

— Et si ce n'est pas toi qui l'obtiens, ce grand prix ?

— Femme, notre voisin n'est pas homme à jeter ses
rixdales par la fenêtre ; s'il n'était pas convaincu de la
supériorité de mon élève, il ne serait point venu de lui-même
m'offrir juste la valeur du grand prix.

— Et moi, je dis que, s'il n'y avait pas de doute dans son
esprit, il n'eût pas hésité à t'en proposer le double... Un
homme qui a des millions et qui met la gloire au-dessus de
l'argent !

— C'est que, vois-tu, Jeanne, moi aussi j'ai soif de
gloire.

— Mon Dieu, Graaf, prends un peu la peine de raison-
ner, je veux bien que le prix soit accordé à ta tulipe, lors-

que tu l'auras vendue à M. Burmann, est-ce que chacun ne sait pas que, cette tulipe, c'est toi qui l'as élevée? La gloire de notre voisin ne sera jamais qu'une fausse gloire, et toi, dans tous les cas, tu auras palpé des écus qui n'auront rien de chimérique. »

Il est à croire que ce raisonnement parut à Graaf ne pas manquer de solidité ; une heure ne s'était pas écoulée qu'il entrait dans le cabinet de M. Burmann, tenant sous son bras le vase où était la tulipe, et donnant l'autre à la prudente Jeanne qui, dans la crainte que son mari ne cédât à quelque mouvement d'hésitation, avait voulu voir jusqu'au bout le sacrifice s'accomplir.

« Je vous attendais, dit M. Burmann, voici vos dix mille rixdales en bons billets de banque.

Graaf avança la main pour recevoir les billets, et posa le vase sur le bureau du banquier. Celui-ci, dont les yeux rayonnaient de joie, arracha la plante, la jeta à terre et se mit à la fouler aux pieds.

— Juste ciel! que faites-vous? s'écria Graaf.

— Je m'assure tout l'honneur du prix, répondit M. Burmann; le beau mérite pour moi d'être vainqueur avec la tulipe de maître Graaf ! Burmann ne doit triompher qu'avec un élève de Burmann. »

Graaf rentra chez lui la mort dans le cœur.

« Bah! fit Jeanne, il nous reste de quoi nous consoler.

— Jamais! »

Jeanne se prit à rire et ouvrit, sous les yeux de son mari, sa main qu'elle avait tenue jusque-là soigneusement fermée.

Graaf laissa échapper un cri de surprise et se mit à rire encore plus fort que Jeanne.

« Allons, dit-il, partie remise à trois ans. »

11

En effet, trois ans plus tard, maître Graaf, devenu le bottier en vogue de la ville de Leyde, remportait le prix annuel de dix mille rixdales décerné à la plus belle tulipe par la Société d'horticulture.

Voici le mot de l'énigme : pendant que Burmann foulait aux pieds la tulipe du savetier, un caïeu s'était détaché de l'oignon, et Jeanne s'en était subtilement emparée.

MOLÉRI.

H. CATENACCI INV. DEL.

DE L'AME

ET DU SENTIMENT DES FLEURS

LES philosophes du vieux monde, et principalement Platon, Aristote et les autres académiciens, admettaient une première matière agente se mouvant d'elle-même, ayant la sensation de ses mouvements, et pouvant, par conséquent, en apprécier la portée.

Ces philosophes prétendaient que cette matière, faisant mouvoir et agir tout ce qui se meut et agit, était non-seulement un agent, mais encore une espèce d'âme universelle du monde.

Les animaux agissant en vertu de cette espèce d'âme mobile qui était en eux, mus par une portion plus ou moins grande de cette matière sensible, devenaient sensibles eux-mêmes pour régler leurs actions.

Les plantes, mues elles-mêmes par une portion moins grande de cette matière sensible, agissaient suivant leur composition, se nourrissaient, croissaient comme les animaux, par la nourriture, choisissaient même leurs aliments, les digéraient, les transmuaient en leur propre essence tout comme les animaux et les hommes. Bien plus, elles respiraient, elles transpiraient comme eux, ce qui était apparen

non-seulement par l'odeur de leurs fleurs, mais encore par
les émanations de leurs feuilles nouvelles, comme on peut
s'en convaincre dans les bois au commencement du printemps. Cette odeur, ces émanations provenaient d'une
élaboration de substance comme chez les animaux, ce qui
dénotait une vertu expulsive et d'autres propriétés qui sont
toutes celles de l'âme.

Tout cela avait persuadé aux anciens qu'il existait dans la
nature une sorte d'âme universelle différant de l'âme de
l'homme en ce que ses facultés étaient limitées à des opéra-
tions purement matérielles.

Ces points posés et les plantes ayant aussi quelque portion de cette âme qui se meut, qui sent et connaît qu'elle
meut, ce ne sera pas un raisonnement illogique de leur
donner quelque connaissance de leur état.

Au premier aspect il semble cependant que les diverses
sensations de voir, d'entendre, etc., dépendant des organes
de l'animal qui peut être sans voir et sans entendre, si
l'organe des yeux ou des oreilles vient à lui manquer : il
semble, disons-nous, que les plantes, n'ayant aucun de ces
organes extérieurs, ne peuvent ni voir, ni entendre, ni parler, ni articuler aucun son. Il y a du vrai là dedans. Le
sentiment des plantes se réduit à des sensations internes
semblables à celles des animaux. Si elles sentent le besoin
de nourriture, elles éprouvent une certaine peine si la nourriture leur manque ; elles languissent comme l'animal. Si
l'on arrache certains endroits de leurs branches, elles
sentent quelque peine ou douleur. Manquant de l'organe du
son, elles ne peuvent pas se plaindre comme les animaux
contre la hache qui les déchire ou les abat ; mais l'huître ne
crie pas quand des dents avides la mâchent. Les poissons
eux-mêmes, tirés hors de l'eau et coupés par morceaux en-

core vivants, ne marquent la douleur qu'ils éprouvent que
par leurs mouvements et leurs convulsions. Les plantes, qui
n'ont pas de mouvement propre, n'ont pas même, il est
vrai, ces convulsions, comme marque de leurs sensations.
A en juger par la seule vue des sens, on serait tenté, comme
Descartes, de leur nier tout sentiment. Mais cependant si,
quand la plante manque de nourriture, elle se fane et lan-
guit comme tout animal qui souffre quelque mal ; si, quand
un lieu ne lui convient pas, elle le fait connaître par sa lan-
gueur ; si, quand on la déchire, au lieu du sang que répand l'animal, elle répand le peu de liqueur qu'elle a dans
les veines ; si quelques-unes, comme la vigne et le frêne,
continuent longtemps à distiller la séve par leurs blessures,
on est forcé d'avouer que ce sont là des sensations internes
qui constituent le vrai sentiment.

On objectera peut-être qu'à ce compte l'émondage des
plantes serait inutile et même nuisible. Mais il peut en être
des plantes comme du corps humain dont certaines parties
sont privées de sensibilité, telles que les ongles, les cheveux
que l'on coupe sans douleur, quoique le sentiment soit très-
vif dans l'endroit où l'ongle et le cheveu tiennent à la chair.
Aussi, pour donner à ce raisonnement l'autorité de l'exemple, citerons-nous quelques faits qui auront le double mérite d'exciter la curiosité et de prouver l'existence du sentiment dans les plantes.

Tout le monde connaît la sensitive qui, lorsqu'on la
touche, resserre ses feuilles et ramasse ses petites branches
en un tas, essayant, autant qu'il lui est possible, d'échapper
à l'attouchement douloureux qu'elle semble redouter. Et
l'*héliotrope* qui se tourne toujours du côté du soleil ! et
l'*arbre triste* qui a fait courir tout Paris en 1734, le jour
fermant ses fleurs et ses feuilles, ne répandant aucune

odeur, et la nuit ouvrant les unes et les autres en exhalant une odeur suave ! et le *tnasor* d'Abyssinie dont parle le P. Kircher[1], qui, contrairement à l'*arbre triste*, se lève avec le soleil, croît radieux jusqu'à midi, décroît depuis midi jusqu'au coucher du soleil, et rentre dans la terre pour reparaître le lendemain ! Et tant d'autres plantes douées d'aussi curieuses particularités ! N'est-ce pas là de la sensibilité avec tous ses caractères ?

Ces plantes ne sont pas les seules où se dénote le sentiment : le savant Ray dit à ce sujet[2] :

« Dans certaines contrées du continent africain on trouve en quantité de ces plantes que les anciens ont appelées *eschinomènes*, que les modernes nomment toujours vivantes et glutineuses, et qui donnent des marques évidentes de sentiment. Si on touche leurs feuilles avec la main ou seulement avec un bâton, même en plein midi, aussitôt elles se retirent et compriment leurs feuilles. Il y a même certaines espèces douées d'un sentiment plus vif et qui, au simple contact, laissent tomber leurs feuilles ou bien se fanent comme si elles avaient été gelées par l'air froid, etc. »

Le *Journal des Savants* de Londres corrobore ce fait, en citant, dans l'isthme de Darien, la découverte d'un bois dont les arbres sont tous sensitifs. Thomas Ab Horto[3] cite plusieurs plantes, l'une qui se fane et se sèche immédiatement au contact ; une autre que le vent seul fait resserrer pour s'abriter de lui le plus qu'elle peut ; et une troisième qui, au simple attouchement, se ramasse de telle sorte contre terre dans le sable, qu'elle y disparaît et qu'on ne peut la retrouver que difficilement.

---

[1] *Magnetic. natur. regnum*, p. 31.
[2] *Flore africaine*, liv. III.
[3] *Relation du Pérou*, c. xv.

Le savant Rhedi[1], qui forme autorité en matière d'expériences, raconte qu'allant à Livourne, il avait trouvé sur un arbre une pomme sauvage de la grosseur d'une orange et de la couleur du champignon qu'on appelle *champignon marin*.

« Voulant voir sa figure, dit-il, à peine j'approchais le couteau pour la fendre et l'ouvrir, que cette pomme, à chaque piqûre et section que je lui faisais, ridait sa peau, se retirait en elle-même et me donnait des marques évidentes de sentiment et de mouvement. Son intérieur cependant ne contenait qu'une liqueur salée et limpide et des filets en grand nombre, s'étendant de côté et d'autre sans aucun ordre. »

Le gentilhomme Colonne[2], savant naturaliste, rapporte :

« J'ai observé plusieurs végétaux ouvrant leurs fleurs et répandant leur poil quand le soleil paraît et que le temps est beau et serein. Lorsqu'il doit pleuvoir, le tout se referme, et cette indication est plus sûre que celle de mon baromètre. »

Et ailleurs :

« Sur une de mes fenêtres, exposée au midi, j'avais planté quelques jonquilles dans deux pots de faïence. Jusqu'au 15 janvier 1725, l'air ayant été assez doux, leurs pignons avaient poussé des feuilles à l'ordinaire. Ce jour-là, le temps étant subitement passé au froid, feuilles et pignons disparurent presque subitement, comme si cette plante se fût enfermée ou couverte de la terre pour se garantir du froid. Je renouvelai, les années suivantes, plusieurs fois cette expérience, en ayant soin de laisser le pignon de mes jonquilles à peu près enterré aux trois quarts, et chaque

---

[1] *Rhedi experimenta*, lib. II, 258.

[2] *Histoire naturelle de l'univers*, liv. III, p. 219.

fois, dans des circonstances identiques, le même fait eut lieu. J'attribuai cette sensibilité à la matière subtile de Descartes, et je pensai que cette même matière pouvait aussi produire le même effet sur les Sibériens et les Lapons, vivant sur terre quand il fait chaud et s'enterrant quand l'air est froid : ce qui, à mon avis, abrégerait beaucoup la distance que, dans notre orgueil, nous mettons entre la plante et l'homme. »

Pierre Martyr [1] dit que dans les terres des Cariens, il y a des arbres qui, à l'équinoxe du printemps, penchent d'eux-mêmes leurs pointes dans la mer, les retirent et les laissent tomber en terre, pour y produire et former de nouvelles racines, afin de conserver l'éternelle propagation de l'espèce.

Le savant Gassendi a porté aussi son témoignage en faveur de cette opinion du sentiment des plantes et de la connaissance de leur état. Mathiole, le célèbre botaniste du dix-septième siècle, avait dit [2] :

« Les plantes ont une âme, ce qu'on aperçoit par plusieurs mouvements semblables à ceux des animaux. Comme, par exemple, de voir par les racines qui leur servent de bouche, de tirer la nourriture de la terre, de la digérer en peu de temps, de la distribuer aussi promptement aux branches, tiges, fleurs, fruits, etc. »

Commentant ce passage, Gassendi avait fait observer que les plantes étendent leurs racines vers l'endroit où elles peuvent trouver une nourriture convenable à leur nature ; qu'elles se détournent des lieux qui leur sont contraires, passant même à travers des trous et des pierres pour atteindre les endroits où elles peuvent trouver un aliment de leur goût ; qu'elles s'éloignent des lieux qui leur déplaisent,

---

[1] Décad. 3, liv. IV.

[2] Mathiole. Déd. à la grande-duchesse de Florence, 1650, liv. IV.

comme, par exemple, les choux, la citrouille et d'autres plantes auprès desquelles on met de l'huile et qui vont germer plus loin, d'un autre côté, cette liqueur leur étant désagréable et nuisible. Comme aussi la vigne, qui, plantée près d'un chou, étend ses branches du côté opposé, comme si cette odeur lui déplaisait; et le savant philosophe concluait de là que les plantes ont un sentiment interne qui leur donne une connaissance relative de leur état [1].

Et M. de Buffon après Gassendi :

« Si l'on fait attention à l'organisation et à l'action des racines et des feuilles, on reconnaîtra bientôt que ce sont là les organes extérieurs dont les végétaux se servent pour pomper leur nourriture; on verra que les racines se détournent d'un obstacle ou d'une veine de mauvais terrain pour aller chercher la bonne terre; que même les racines se divisent, se multiplient et vont jusqu'à changer de forme pour procurer de la nourriture à la plante. Bien plus, les végétaux ont la même faculté de se reproduire que les animaux, et, ce qu'il y a de singulier, c'est qu'il y a des brutes qui se reproduisent comme les plantes et par le même moyen. La multiplication des pucerons est absolument semblable à celle des plantes par les graines : celle des polypes, qui se fait en les coupant, ressemble à la multiplication des arbres par boutures. En résumé les plantes se nourrissent, se multiplient, sont sujettes aux maladies, à la mort : donc elles vivent. Elles s'approchent de ce qui leur est profitable, elles s'éloignent de ce qui leur est nuisible; elles affectent certain terrain, certain aspect; elles choisissent leur nourriture, la digèrent, ont l'attention de faire circuler la séve surtout du côté des parties malades ou altérées pour les ré-

_____
[1] Gassendi *Épit. et Traités.* Lyon, 1658, ép. XXXI.

parer : donc elles sentent. Tout cela donne fort à penser, et l'âme universelle, dont les anciens avaient doté le monde, pourrait bien ne pas être une chimère[1]. »

Ce dernier fait acquerra un grand degré de probabilité si l'on met en regard les particularités curieuses de quelques plantes dont l'organisation semble être une transition entre le règne végétal et le règne animal.

Citons d'abord le *Boromet* ou *Plante-Agneau* dont parle le P. Nuremberg[2].

« Cette plante, dit-il, fort rare, croît vers Astracan, entre la Moscovie et la Tartarie. Cette plante a la figure précise d'un petit agneau posé sur une tige se joignant au nombril de l'animal, et d'où il prend sa nourriture. Cette tige s'élève de terre environ deux pieds. On dit que le petit agneau se repaît de l'herbe qui vient aux environs. Si l'herbe vient à manquer, la plante sèche et meurt faute de nourriture, quoique la tige sur laquelle il pose semble devoir lui en fournir. On assure que cette plante animale a une chair du goût de l'écrevisse, et que si on la blesse avec un couteau il en sort du sang. On dit encore que les loups sont fort friands de cet agneau. »

L'érudit Scaliger, qui ne croit pas à cette plante, ajoute en rapportant le fait : *Si cette herbe est celle qu'on dit et qu'elle ait la chair et le goût d'écrevisse, je ne trouve pas merveilleux que le loup la préfère à toute autre herbe*[3]. » Quoi qu'il en soit et malgré l'autorité du savant critique, le chevalier Colonne dit avoir possédé dans son cabinet un des plus riches du temps en curiosités naturelles, une tige desséchée de cette plante qui, dit-il, *était*

---

[1] *Histoire naturelle*, liv. II.
[2] *Histoire naturelle*, liv. XV.
[3] *De emendatione temporum*, liv. LC.

précisément comme la peau d'un petit agneau qui vient de naître, avec un vrai poil mêlé de blanc et de gris et fort bouclé[1].

Le fait suivant paraît plus avéré. Voici comment le rapporte Wheler[2] :

« Dans la plupart des îles de l'Archipel, dit-il, on cultive une sorte de figuier sauvage qu'on appelle *Ornos*, et en latin *Caprificus*. Les figues, qu'on appelle *Fornites*, mûrissent les unes au mois d'août, les autres en novembre. Pendant les mois d'octobre et de novembre, il s'engendre dans ces dernières certains petits vers d'où sortent ensuite des petits moucherons qui ne voltigent qu'autour de ces arbres. Ces insectes piquent d'eux-mêmes le second fruit du même pied des figuiers et le mûrissent. Ce second fruit s'appelle *Gratitires*, et les premières figues, les *Fornites*, tombent peu après la sortie de leurs moucherons. Les *Gratitires* restent sur l'arbre jusqu'au mois de mars et conservent les œufs que les moucherons y ont déposés en le piquant. Dans le mois de mai une troisième espèce de figues nommée *Orni* commence à pousser sur le même pied des figuiers sauvages, et quand elle grossit elle est piquée à son tour par les moucherons des *Gratitires*, qui la font fermenter et mûrir. »

Un fait plus convaincant pour la nature animale des plantes, c'est celui consigné dans un récent recueil scientifique et que voici[3] :

« Il y a à Lernate, dans les Moluques, une espèce d'arbre appelé *Catope*, dont les feuilles en tombant se changent en papillons. Ces feuilles ont deux points noirs comme les yeux d'un papillon. Considérés au microscope, ces points appa-

---

[1] *Histoire naturelle de l'univers*, t. I, p. 231.
[2] Wheler et Kirle, *Magnetic. natur. regnum*.
[3] *Journal des Savants de Londres*, Suppl. sept. 1835.

raissent comme deux véritables yeux. Les feuilles ont quatre points comme les jambes d'une araignée. Lorsqu'elles tombent de l'arbre, elles marchent pour se rejoindre et se rejoignent en effet à l'arbre d'où elles proviennent. En déchirant ces feuilles animées, les sections présentent des filaments glutineux en quantité prodigieuse, mais si fins, si déliés, qu'on a de la peine à les distinguer à l'œil nu. »

Un fait de même nature, plus extraordinaire encore, est celui que mentionne un autre récent recueil scientifique[1] :

« Les habitants de Sainte-Lucie, y lit-on, ont fait dernièrement la découverte d'une plante très-singulière. Il y a dans une caverne de cette île, près de la mer, un large bassin de douze à quinze pieds de profondeur dont l'eau est très-saumâtre. Le fond est formé par des rocs sur lesquels dans tous les temps croissent de certaines substances qui, à la première vue, présentent l'aspect de belles fleurs d'une couleur très-éclatante et ressemblent beaucoup à nos soucis, sauf la teinte qui en est plus vive. A l'approche de la main ou d'un instrument, ces fleurs apparentes se dérobent à la vue et rentrent en elles-mêmes, comme un limaçon qui se retire dans sa coquille. En les examinant au microscope, on voit au milieu de leur disque quatre filaments de couleur brune, semblables à des pattes d'araignée et agissant autour d'une espèce de pétale par un mouvement brusque et simultané. Ces pattes sont munies de pinces pour saisir leur proie, et dès qu'elles l'ont saisie, les pétales se referment de manière à ne pas la laisser échapper. Cette fleur apparente a une tige brune de la grosseur d'une plume de corbeau et qui paraît être le corps de quelque étrange créature, tenant à la fois du règne végétal, du règne animal, vivant par les racines d'une substance sablonneuse ou granitique, et par

---

[1] *Journal d'horticulture d'Amsterdam* Janvier 1840.

sa tige des insectes que la mer rejette dans le bassin. »

Tous ces faits semblent prouver qu'il y a dans les plantes un indice de sentiment, de connaissance de leur état, et par suite une parcelle de cette âme universelle du monde des anciens philosophes. Ceux qui ne croient qu'aux sens ne verront là que des mouvements d'automates, des mouvements semblables à ceux d'une montre qui se meut et montre les heures sans sentir et sans connaître ce qu'elle fait. Ils attribueront ces mouvements combinés des plantes aux vapeurs de certains corps, convenant à certains autres, et les excitant à faire tel ou tel acte ; mais l'homme n'agit guère différemment, et cette même vapeur de certains corps lui inspire bien des actions vaines et folles. Il paraît, il est vrai, savoir ce qu'il fait, tandis que les plantes paraissent l'ignorer ; mais là précisément le jugement des sens est en défaut. En effet, lorsqu'un Tartare ou un Chinois parle à qui ne l'entend pas, il n'y aurait qu'à dire que ce ne sont que des mouvements et des sons produits par le mouvement de l'air.

Mieux vaut croire à l'immensité de la Providence, qui, en animant tout ce qui a vie sur terre, depuis la plante jusqu'à l'homme, a donné à tout un sentiment relatif, une âme relative. Aux nécessités du brin d'herbe qui meurt inaperçu sous les pieds, répondent le sol, le climat, la saison, la terre, les corps célestes ; et parce que nous ne pouvons saisir ni l'ensemble, ni les détails de cette mystérieuse harmonie, devons-nous déshériter de sentiment et d'âme tout le règne végétal, et surtout, comme le dit si spirituellement madame Clémence Robert, *les fleurs qui, par une exception unique, n'ont pris que le beau côté des choses de ce monde et rien de la triste contre-partie qu'on trouve trop souvent dans la nature humaine?...*

Quel nouvel attrait pour l'homme si ces êtres ainsi privilégiés étaient plus que matière? Ces belles fleurs que nous admirons seraient alors des êtres animés comme nous. Ce serait tout un monde ressuscité et vivant côte à côte avec nous. Quand elles charmeraient notre vue par l'éclat de leurs couleurs, quand elles embaumeraient notre odorat par l'arome de leurs parfums, ce ne seraient pas, il est vrai, des phrases personnifiées et combinées à notre manière qu'elles prononceraient, mais elles se feraient entendre également, et cela suffirait. Une belle rose, une belle tulipe ne vous diraient pas : *Mon parfum vous plaît-il? ma vue vous charme-t-elle?* Mais ce qu'elles nous diraient signifierait la même chose et nous l'entendrions fort bien. Cela reviendrait au même, et une simple fleur suffirait pour rompre toute solitude, on pourrait converser avec elle.

Et puis, avec une imagination tant soit peu romanesque et un peu de foi dans le système de la métempsycose, quel champ vaste à des sensations nouvelles seraient les fleurs si, douées de sentiment et d'âme, les plantes étaient un des degrés de transition entre la matière pure et l'homme immortel! Quel doux sujet de rêverie pour la jeune fille qui, cueillant une rose, pourrait se dire : « Cette rose a peut-être été une jeune fille comme moi : à un autre temps elle eût pu être ma compagne! Qui peut dire le drame que cachent ses feuilles? Sous une autre forme, vivante, elle a été rose du monde : morte, elle est rose des champs; toujours belle, toujours admirée : c'est l'immortalité de la beauté!... » Dans tous les cas, ce serait une distraction puissante aux préoccupations matérialistes du jour.

C. LEYNADIER

FIN

TABLE DES MATIÈRES

FIN DE LA TABLE.

Paris. — Typographie Lahure, rue de Fleurus, 9.

LIBRAIRIE. HACHETTE et Cie. boulevard Saint-Germain, 79, à Paris.

BIBLIOTHÈQUE VARIÉE, FORMAT IN-18 JÉSUS

à 3 fr. 50 c. le Volume

About (Edm.). Causeries, 2 vol. — La Grèce contemporaine. 1 vol. — Le Progrès. 1 vol. — Le Turco, 1 vol. — Madelon. 1 vol. — Théâtre impossible. 1 vol. — A B C du travailleur. 1 vol. — Les Mariages de province. 1 vol. — Le Fellah. 1 vol.

Achard (Amédée). Album de voyages. 2 vol.

Ackermann. Contes et poésies. 1 vol.

Arnould (Edm.). Sonnets et poëmes. 1 vol.

Barrau. Histoire de la Révolution française. 1 vol.

Baudrillart. Economie politique populaire, 1 vol.

Bautain (l'abbé). La belle saison à la campagne. 1 v. — La chrétienne de nos jours. 2 vol. — Le chrétien de nos jours. 2 vol. — La religion et la liberté. 1 v. — Manuel de philosophie morale. 1 vol. — Méditations sur les épîtres et les évangiles. 2 vol. — Idées et plans pour la méditation et la prédication 1 vol. — Les choses de l'autre monde. 1 vol. — Etudes sur l'art de parler en public. 1 vol.

Bayard (J.F.). Théâtre. 12 vol.

Bellemare (A.). Abd-el-Kader. 1 vol.

Belot (Ad.). L'Habitude et le Souvenir. 1 vol.

Bersot. Mesmer ou le magnétisme animal; les tables tournantes et les esprits. 1 vol.

Boissier. Cicéron et ses amis. 1 vol.

Busquet (A.). Le poëme des heures. 1 vol.

Caro. Etudes morales. 1 vol. — Nouvelles études morales. 1 vol. — L'idée de Dieu. 1 vol. — Le matérialisme et la science. 1 vol.

Carraud (Mme). Le Livre des jeunes filles, 1 vol.

Castellane (de). Souvenirs de la vie militaire. 1 vol

Charpentier. Ecrivains latins de l'empire. 1 vol.

Chenu (Le Dr J. C.). De la mortalité dans l'armée. 1 volume.

Cherbuliez (Victor). Comte Kostia. 1 vol. — Paul Méré. 1 vol. — Roman d'une honnête femme. 1 vol. — Le Grand-OEuvre. 1 vol. — Prosper Randoce. 1 vol. — L'aventure de Ladislas Bolski. 1 vol.

Chevalier (M.). Le Mexique ancien et moderne. 1 v.

Crépet (E.). Le trésor épistolaire de la France. 2 v.

Daumas (E.). Mœurs et coutumes de l'Algérie. 1 v.

Deschanel (Em.). Physiologie des écrivains. 1 vol. — Etudes sur Aristophane. 1 vol. — A bâtons rompus. 1 vol.

Duruy (V.). De Paris à Vienne. 1 vol. — Introduction à l'histoire de France. 1 vol.

Ferry (Gabriel). Le coureur des bois. 2 vol. — Costal l'Indien. 1 vol.

Figuier (Louis). Histoire du merveilleux. 4 vol. — L'alchimie et les alchimistes. 1 vol. — L'année scientifique, 14 années (1856-1869). 14 vol.

Flammarion (Camille). Contemplations scientifiques. 1 vol.

Fromentin (Eug.). Dominique. 1 vol.

Fustel de Coulanges. La Cité antique. 1 vol.

Garnier (Ad.). Traité des facultés de l'âme. 3 vol.

Garnier (Charles). A travers les Arts. 1 vol.

Gonzalès (Em.). Voyages en pantoufles. 1 vol.

Guizot (F.). Un projet de mariage royal. 1 vol.

Houssaye (A.). Le 41e fauteuil. 1 vol. — Violon de Franjolé. 1 vol. — Voyages humoristiques. 1 vol.

Hugo (Victor). OEuvres. 20 vol.

Jouffroy. Cours de droit naturel. 2 vol. — Cours d'esthétique. 1 vol. — Mélanges philosophiques. 1 v. — Nouveaux mélanges philosophiques. 1 vol.

Jurien de la Gravière (l'amiral). Souvenirs d'un amiral. 2 vol. — La marine d'autrefois. 1 vol.

La Landelle (G. de). Le tableau de la mer. 4 v.

Lamarre (Cl.). De la Milice romaine. 1 vol.

Lamartine (A. de). Chefs-d'œuvre. 8 vol. — Les Girondins. 6 vol. — Lectures pour tous. 1 vol.

Lanoye (F. de). L'Inde. 1 vol. — Le Niger. 1 vol.

Laugel. Etudes scientifiques. 1 vol.

Lavallée. Zurga le chasseur, 1 vol.

Laveleye (Emile de). Etudes et essais. 1 vol.

Marmier (Xavier). Romans et Voyages 13 vol.

Martha. Les moralistes sous l'Empire romain. 1 v.

Mézières (L.) Charades et homonymes. 1 vol.

Michelet. La femme. 1 vol. — La mer. 1 vol. — L'amour. 1 v. — L'insecte. 1 v. — L'oiseau. 1 v.

Michelet (Mme J.). Mémoires d'une enfant. 1 vol.

Monnier. Les aïeux de Figaro. 1 vol.

Mortemart (baron de). Le élégante. 1 vol.

Nisard (Désiré). Études de mœurs et de critique sur les poëtes latins de la décadence. 2 vol.

Nourrisson (J.-F.). Les Pères de l'église latine, leur vie, leurs écrits, leur temps. 2 vol.

Patin. Etudes sur les tragiques grecs. 4 vol. — Etudes sur la poésie latine. 2 vol.

Perrens (F. T.). Jérôme Savonarole. 1 vol.

Pfeiffer (Mme Ida). Voyage d'une femme autour du monde. 1 vol. — Mon second voyage autour du monde. 1 vol. — Voyage à Madagascar. 1 vol.

Ponson du Terrail. Les contes du drapeau. 2 volumes.

Prevost-Paradol. Études sur les moralistes français. 1 vol. — Histoire universelle. 2 vol.

Quatrefages (de). Unité de l'espèce humaine. 1 v.

Roland (Mme). Mémoires. 2 vol.

Roussin (A.). Une campagne au Japon. 1 vol.

Sainte-Beuve. Port-Royal. 7 vol.

Saintine (X. B.). Le chemin des écoliers. 1 vol. — Picciola. 1 vol. — Seul! 1 vol. — La mythologie du Rhin. 1 vol.

Sand (George). Jean de la Roche. 1 vol.

Simon (Jules). La liberté politique. 1 vol. — La liberté civile. 1 vol. — La liberté de conscience. 1 v. — La religion naturelle. 1 vol. — Le devoir. 1 vol. — L'ouvrière. 1 vol.

Taine (H.). Essai sur Tite-Live. 1 vol. — Essais de critique et d'histoire. 1 vol. — Nouveaux Essais de critique et d'histoire. 1 vol. — Histoire de la littérature anglaise. 5 vol. — La Fontaine et ses fables. 1 vol. — Les philosophes classiques du XIXe siècle en France. 1 vol. — Voyage aux Pyrénées. 1 vol. — Notes sur Paris par Frédéric-Thomas Graindorge. 1 v.

Théry. Conseils aux mères sur les moyens de diriger et d'instruire leurs filles. 2 vol.

Töpffer (Rod.). Nouvelles genevoises. 1 vol. — Rosa et Gertrude. 1 vol. — Le presbytère. 1 vol. — Réflexions et menus propos d'un peintre. 1 vol.

Troplong. De l'influence du christianisme sur le droit civil des Romains. 1 vol.

Vapereau (Gust.). L'année littéraire, 12 années.

Viennet. Fables complètes. 1 vol.

Vivien de St-Martin. L'année géographique. 8 années (1862-1869). 8 vol.

Wallon. Vie de N.-S. Jésus-Christ, 1 volume. — La sainte Bible. 2 vol.

Wey (Francis). Dick Moon. 1 vol. — La haute Savoie. 1 vol.

Wurtz (Ad.). Histoire des doctrines chimiques depuis Lavoisier jusqu'à nos jours. 1 vol.

Imprimerie générale de Ch. Lahure, rue de Fleurus, 9, à Paris.

Imprimé en France
FROC031242010720
24394FR00012B/243